Olivier Razemon

Comment la France a tué ses villes

Rue de l'échiquier

Sommaire

INTRODUCTION

Un amour de ville

Une ville, c'est d'abord une affaire de couleur. Périgueux hésite entre le blanc cassé et le jaune. Le gris de Saint-Étienne prend des teintes rosées. À Privas, il y a beaucoup d'ocre. Arras est rouge brique, mais des briques moins pastel que celles d'Albi. Paris fait dans le zinc, Lyon hésite entre le jaune et l'orangé, Strasbourg entre l'ocre et le rosé. Nantes est blanche, tout comme Angers. Une ville, c'est une harmonie, un accord de couleurs. Le rose des tuiles et le gris des façades. Le gris diaphane des pierres de taille et le gris mat et foncé des toits. Ou le bois des colombages sur la chaux des façades. Un nuancier.

Une ville, c'est aussi des sons, des conversations, des accents et des langues, les cloches de la cathédrale au petit matin, des maraîchers qui vantent leur cargaison, le cliquetis des cabas à roulettes, des passants qui sifflotent, les sonnettes des vélos, le ronronnement de la circulation, le crissement des tramways sur les rails, le moteur du bus à l'arrêt, la pluie qui tombe, du vent dans les arbres.

Et l'odeur. Celle des produits frais sur le marché, l'ail, l'huître, le cumin, le paleron, le pain. L'odeur du gasoil, parfois, mêlée au parfum des passants, aux relents d'ordures. Non, une ville, ça ne sent pas toujours la rose. Ça n'est pas toujours propre et net. Comme un corps humain, c'est parfois sale, ça sent fort. C'est vivant.

Certaines villes possèdent cette capacité d'être reconnues en quelques secondes, au premier coup d'œil, en observant un bout de trottoir ou la forme des pavés, en écoutant la rumeur, les parlers, et en se montrant attentif aux effluves de la rue. Paris, mais aussi Marseille ou Strasbourg, font partie de ces villes immédiatement identifiables. Et Périgueux, le jour du marché au gras. Ou Le Havre, grâce au béton armé et à l'architecture rectiligne de l'immédiat après-guerre.

La ville que l'on construit aujourd'hui, en revanche, ne possède plus de forme reconnaissable. Le bitume est coupé au cordeau, les espaces parfaitement délimités, les affiches géantes, le grondement uniforme. Tout se ressemble. Dans le magma périurbain contemporain, il n'y a plus ni couleurs, ni odeurs, ni sons. Plus aucune identité. On pourrait être n'importe où. Et on ne croise même plus les habitants. La ville que l'on fabrique ne ressemble plus à grand-chose. En tout cas, pas à une ville.

La France est en train de tuer ses villes, même si tout le monde n'en a pas encore pris conscience. Les métropoles, certes, se portent relativement bien. En revanche, toutes les autres, de la ville moyenne au hameau en passant par la simple bourgade, sont touchées. La mort du petit commerce, constatée dans de nombreuses localités, n'est que l'élément le plus visible d'un phénomène plus marqué. Dans les villes moyennes, la population stagne, de plus en plus de logements sont vacants, le niveau de vie baisse.

Cette dévitalisation résulte de la dispersion des activités sur un territoire beaucoup plus large que celui de la localité d'origine. La concurrence des hypermarchés tue les commerces du centre-ville et des quartiers, de même que la concurrence des emplois en périphérie sacrifie les emplois de proximité. La grande distribution est largement responsable de cette situation. Mais au-delà, l'une des raisons de cette hécatombe tient au mode de déplacement majoritaire : partout, la voiture individuelle reste considérée comme une obligation, un dû.

Ainsi, en partant de la mort des villes, on en vient à étudier les conséquences, sur le territoire, de la manière dont se déplacent les individus et les marchandises. Ces deux éléments ne sont pas toujours reliés. Obnubilés par l'urgence climatique, les pouvoirs publics se contentent généralement de vanter les « transports propres » sans se soucier de la structure du territoire. Inversement, les études portant sur le territoire négligent souvent le facteur de la mobilité.

CHAPITRE 1

« Bail à céder »

\ Saint-Étienne, mars 2015

« La capitale des taudis. » L'expression est blessante. Lue dans un article du quotidien *Le Monde*, en décembre 2014, elle fait mal. Saint-Étienne est fière de son passé industriel, de sa manufacture d'armes où l'on fabriquait aussi des vélos, de ses passementiers qui tissaient des rubans, de ses charbonnages dont il reste trois « crassiers », monticules de résidus de charbon, à l'orée de la ville.

En cet automne 2014, la journaliste Sylvia Zappi, en charge des banlieues à la rédaction, doit illustrer un phénomène encore méconnu, mais que vient de mettre en évidence une étude de l'Insee : les villes de France sont plus pauvres que leur proche périphérie. La journaliste choisit Saint-Étienne, « qui se situe dans le tiers supérieur des villes pauvres de France », expliquera-t-elle ensuite. Le reportage, une demi-page du quotidien, dépeint cette conjoncture avec des mots colorés. La journaliste décrit des « immeubles délabrés qui donnent le bourdon », « des façades couvertes de suie », « des bâtisses qui tombent en ruine », « l'impression de grisaille, presque poisseuse », ou encore « un empilement de bâtiments décrépis au détour d'un escalier ». Le titre de l'article demeure informatif : « À Saint-Étienne, le centre-ville miné par la pauvreté. » Mais la photo qui illustre la demi-page ne laisse planer aucune équivoque. On y voit une petite maison d'un étage, abandonnée, aux murs qui semblent léchés par les flammes et dont les vitres ont été soufflées. Et puis cette expression, « la capitale des taudis », utilisée autrefois par les habitants eux-mêmes pour qualifier la ville.

La publication surprend de nombreux Stéphanois. Rien n'agace tant les habitants que ce sentiment d'être relégués au rang de « pauvres hères », et par une personne extérieure à la ville, qui plus est. Dès la parution du *Monde,* en ligne et sur papier, le maire récemment élu, Gaël Perdriau (LR), joue l'offuscation et lance sur Twitter un hashtag en forme de réponse : #Stephanoisfiers. L'appel est même relayé par les panneaux lumineux de la municipalité. De nombreux habitants expriment leur dépit sur le site du Monde.fr, tandis que plusieurs intellectuels locaux se rebiffent à coups de tribunes publiées dans les journaux. Pendant quelques semaines, à « Sainté », on ne parle que de ça. Lorsque, en mars 2015, commencent les travaux de démolition du bâtiment délabré dont la photo illustre l'article, le quotidien régional *La Tribune-Le Progrès* titre : « Les heures de la maison du *Monde* sont comptées. »

La Place du Peuple

Saint-Étienne a été blessée dans sa fierté. Depuis toujours, elle entretient une rivalité historique avec la riche métropole lyonnaise. Cet amour-propre se perçoit jusque sur la table d'orientation en céramique qui trône au Guizay, un hameau du massif du Pilat d'où le promeneur embrasse Saint-Étienne du regard. À l'endroit où était inscrite la direction de Lyon, la céramique a été griffée rageusement.

« Sainté » n'est pas une petite bourgade. Elle compte 171 000 habitants et surpasse Grenoble, on l'ignore souvent, comme deuxième ville de la région Rhône-Alpes, même si son aire urbaine est moins peuplée. Les deux villes ne dégagent pas le même parfum. L'une fait figure de capitale de la technologie, peuplée d'étudiants et de jeunes ingénieurs sportifs qui occupent leurs week-ends d'hiver à dévaler les pentes neigeuses. L'autre passe toujours pour

« la ville noire », aux façades assombries par la suie des mines de charbon, sinistrée par d'interminables crises industrielles, du déclin de la sidérurgie à l'effondrement du textile en passant par la fermeture de la manufacture d'armes. La récente mutation de Saint-Étienne en « cité du design » n'a pas suffi, dans l'imaginaire collectif, à en faire l'une de ces métropoles qui gagnent, telles Montpellier, Rennes ou Strasbourg, dont le nombre d'habitants est comparable.

Saint-Étienne, « capitale des taudis » ? Ce n'est pas le sentiment que l'on ressent lorsqu'on s'attable, dans la fraîcheur d'un printemps précoce, sur la place du Peuple, la plus jolie et la plus singulière place de la ville. En forme de croissant, bordée d'immeubles cossus, de terrasses et de boutiques, la place du Peuple n'est jamais vide. Les trois lignes de tramway, un réseau qui existe sans discontinuer depuis la fin du XIXe siècle, s'y croisent. Les rames se déplacent lentement mais sans à-coups, n'émettent qu'un léger bruissement et, pour prévenir, un tintement de clochette. L'atmosphère est calme, il n'est pas nécessaire d'élever la voix pour tenir une conversation. Les passants traversent l'espace sans se gêner mutuellement : collégiens en skate, parents avec poussette, étudiants à peine sortis des cours, employés des commerces ou des administrations, promeneurs scotchés à leur téléphone portable, sans-abri en quête d'une bouteille de bière qu'ils boiront à même le goulot. De temps en temps, deux personnes se saluent, discutent quelques instants puis repartent chacune de leur côté. Le lieu, qui incite à la promenade, est un espace vivant, non formaté. Vue d'une terrasse de la place du Peuple, Saint-Étienne a tout d'une ville animée, éveillée, voire dynamique. « Grâce au tramway, Michel Thiollière, maire (LR) de 1994 à 2008, a réussi à piétonniser la place sans le dire », résume le graphiste Pierre Faurand, créateur d'un blog intitulé « Saint-Étienne capitale des tôts dits », en référence au titre de l'article de Sylvia Zappi.

Mais il suffit de tourner la tête pour comprendre la détresse stéphanoise. Une vitrine vide, une boutique abandonnée, puis une troisième dent creuse. Et d'autres encore. Dans les rues commerçantes, qu'elles soient piétonnes ou non, la déprise commerciale saute aux yeux. La rue de la République, qui mène à la belle gare de Châteaucreux, fait peine à voir. Elle est certes bordée d'immeubles de facture classique, pierre de taille et balustrades, qui ne dépareraient pas dans un quartier huppé de Paris. Mais le rez-de-chaussée offre un tout autre spectacle. Les baies vitrées sont tantôt blanchies à la chaux, tantôt tapissées, de l'intérieur, de lais de papier blanc qui a tourné au jaune. On aperçoit, dans certains locaux, les reliefs d'une activité passée : des étagères vides, la trace de placards au mur, des fils électriques, des présentoirs, des sacs-poubelle. Sur quelques frontons figurent encore des enseignes : marchand d'ameublement, traiteur, auto-école, produits de beauté, institut d'orthopédie, boutiques de prêt-à-porter, salon de coiffure, agence immobilière…

L'effet Geoffroy Guichard

On peut passer une journée entière à Saint-Étienne à contempler des vitrines vides. Il y en a de toutes sortes : des grandes, des petites, des enseignes prestigieuses et d'autres beaucoup moins, des locaux manifestement abandonnés depuis belle lurette et des magasins qui viennent juste de fermer. Sur les vitrines ont été collées des affiches indiquant l'un de ces statuts : « à vendre », « à louer » ou « disponible », le plus souvent suivi du nom d'une agence immobilière. Parfois, des panneaux bien visibles célèbrent toute l'opportunité qu'il y aurait à louer tel emplacement. Ailleurs, la vacuité se fait pauvrette, simple feuille A4 collée dans le sens de la largeur et marquée d'un numéro de téléphone portable.

Lorsque la vacance dure, d'autres affiches se sont ajoutées à la stricte proposition commerciale : calicots politiques, appels à manifestation, promotion de spectacles. Dans la rue Gambetta, que tout le monde appelle « grand-rue », car elle dessert Saint-Étienne dans sa longueur, du nord au sud, la municipalité a fait poser sur certaines vitrines délaissées des reproductions d'œuvres visibles au musée d'Art moderne et contemporain.

Toutes les voies en damier bâties lors de l'âge d'or industriel sont touchées. Les escaliers qui parsèment la ville et lui donnent beaucoup de charme sont eux aussi bordés de magasins vides. Des locaux commerciaux disposés au pied des immeubles d'habitat social sont recouverts d'un rideau métallique. À dire vrai, Saint-Étienne n'est pas tant la capitale des taudis que celle des magasins fermés.

La commune a perdu 50 000 habitants depuis 1968, son apogée démographique. En plein centre, la paupérisation se fait lourdement sentir. Dans l'article du *Monde*, Sylvia Zappi cite d'ailleurs Jean-Michel Floch, auteur d'un « portrait social » de l'Insee : « Saint-Étienne est dans la situation, fréquente, où c'est la couronne qui a les revenus les plus élevés, ensuite la banlieue, puis la ville centre. Les quartiers classés prioritaires par la politique de la ville sont dans la ville », explique le statisticien.

On serait tenté d'imputer ce funeste sort à la crise économique. Saint-Étienne serait « la dernière grande ville où résident encore des pauvres », répondent les habitants avec une pointe de fierté. Au contraire de Lyon, cette capitale considérée comme arrogante, où les supporters de football se distinguent parfois en dessinant des banderoles haineuses qu'ils déroulent les soirs de match.

L'explication, pourtant, paraît un peu courte. Les commerces finissent par s'adapter à la clientèle. Les boutiques chics pratiquent des prix élevés dans les quartiers cossus et les magasins populaires multiplient les promotions avantageuses dans les faubourgs modestes. Des faillites ou des échecs ont pu toucher davantage Saint-Étienne que d'autres villes, pas dans des proportions telles que la moitié du tissu commercial ait sombré.

L'explication est plutôt à chercher en périphérie, dans les multiples centres commerciaux qui aspirent l'activité. On n'oublie pas que Saint-Étienne est la ville de Geoffroy Guichard, le fondateur du groupe Casino, qui a également laissé son nom au célèbre stade des « Verts ». Le long de l'autoroute qui file vers Lyon, tout ce que la France compte d'enseignes cotées ou non en bourse a élu domicile.

« Les gens ne marchent plus »

La désaffection du centre-ville figurait, avec la polémique sur des emprunts « toxiques » contractés par les précédentes municipalités, au menu de la campagne électorale de mars 2014. Face au maire socialiste sortant, Gaël Perdriau, 42 ans, avait fait de « la sécurité » et de « la propreté » des arguments massue.

À la demande des commerçants, le futur maire promettait en outre de rouvrir des itinéraires à la circulation automobile. Depuis son élection, la municipalité se contente toutefois de quelques mesures diverses et contradictoires. Des voies réservées aux seuls bus, afin de leur assurer priorité et régularité, sont élargies à la circulation générale. On peut désormais traverser le centre-ville en ligne droite. Le maire annonce aussi la création d'une « zone 30 » étendue à l'ensemble du centre-ville, mais sans aucun dispositif physique, chicanes ou élargissement de trottoirs, destiné à la faire respecter. Autrement dit, les voitures sont attendues avec impatience mais invitées à modérer leur vitesse.

La ville n'apparaît pas hostile à la circulation motorisée. En dehors de la place du Peuple et de quelques rues piétonnes, les voitures sont partout, roulant à vitesse élevée dans les rues et les avenues, garées le long des trottoirs et sur les places. Sous la place de l'Hôtel-de-Ville, en plein centre, le parking payant propose 320 emplacements au prix de 1,80 euro l'heure. Dans un rayon de moins d'un kilomètre, cinq autres parkings publics sont disponibles, en sous-sol ou en surface, dont celui de la gare. Malgré cela, les trottoirs et les passages pour piétons sont régulièrement encombrés.

Le réseau de transports publics, ancien et maillé, fonctionne correctement. Le blogueur Pierre Faurand commente, désabusé : « Les gens ne marchent plus. Ils ont une image faussée de la distance. Ils vous disent que "c'est trop loin" sans se rendre compte qu'ils ont déjà parcouru la moitié du chemin. » Le parking payant sous la place de l'Hôtel-de-Ville, « je ne l'ai jamais vu plein, même lors de la manifestation du 11 janvier 2015 », ajoute-t-il.

Saint-Étienne mérite tellement mieux. « La ville dispose d'un tissu associatif dense, des Amap, des amicales laïques, des collectifs d'artistes », raconte Marie Marcon, gérante de la librairie Lune & l'autre, qui vit et travaille dans le centre-ville. «Vivre au quotidien dans une ville à taille humaine, sans avoir à prendre sa voiture, fréquenter à l'école ou dans les commerces des personnes qui ne nous ressemblent pas, c'est ça la véritable qualité de vie, témoigne-t-elle. Je ne sais pas comment nommer cette tribu urbaine. Ni bobos ni *hipsters*, peut-être citoyens des villes ? »

Pierre Faurand, lui aussi, aime Saint-Étienne : « On parle rarement de la ville comme d'un paysage. Et pourtant, il s'agit bien d'un paysage. La ville possède de nombreux atouts, mais l'office du tourisme préfère vendre aux visiteurs les monts du Forez ou le massif du Pilat. »

\ Béziers, août 2015

On les a souvent décrites, ces façades tristes et grises, ces rues mornes, bordées par des vendeurs de kebabs et de pizzas, ces fenêtres où pendent des nappes ou des tapis, ces femmes à la tête recouverte d'un voile noir, accompagnées d'un homme en survêtement et tee-shirt. On l'a souvent décrit, ce dépaysement que ressent le voyageur en arrivant à Béziers, pour expliquer le succès, aux élections municipales de 2014, de la liste menée par l'ancien journaliste Robert Ménard et soutenue par le Front national.

En sortant de la gare, il faut résister à la tentation de gagner la ville par le splendide jardin du Plateau des poètes. Pour découvrir Béziers telle qu'elle est, mieux vaut se risquer avenue Gambetta, qui monte sur la gauche, entre l'hôtel Terminus et le bar Le Neptune. Parmi les décisions destinées tout autant à subjuguer ses électeurs qu'à faire jaser les gazettes parisiennes, Robert Ménard avait décrété, au printemps 2014, l'interdiction de suspendre du linge aux fenêtres. Peine perdue, dès les premiers mètres, c'est l'une des premières choses que remarque le visiteur : des lessives sobrement accrochées à des tringles, des draps posés sur des fils en plastique traversant un balcon, à côté d'une antenne parabolique également interdite, officiellement, par les services de la mairie. Les postures de Minotaure du nouvel homme fort de Béziers semblent avoir peu d'effet.

Avant l'apocalypse

Le « délabrement » dénoncé par l'extrême-droite durant la campagne électorale se lit dans les vitrines. Une boulangerie de quartier à l'abandon, une ancienne crêperie dont le rideau de fer a été tiré, une boutique de photographe, vide, qui semble avoir fermé la veille, les ruelles ternes non loin de la façade lumineuse de la cathédrale Saint-Nazaire. Sur une place dont on a fait un parking, derrière un vilain rideau jaunasse, le snack kebab Le Bourget 93 propose « du wi-fi gratuit ». Tout au long de l'avenue Clémenceau, majestueuse artère commerçante, on recense de nombreuses affiches « bail à céder », « avis d'expulsion » ou « à louer ».

Le marché immobilier de cette sous-préfecture de 75 000 habitants semble mal en point. Quelques somptueux immeubles haussmanniens, volets clos, pots de fleur vides, semblent attendre l'apocalypse. « Les bourgeois d'ici ne vivent plus en ville, confirme un habitant. Ils préfèrent la maison avec piscine, pour les enfants. » Au fer forgé des balcons sont fixées des affichettes portant le nom et le numéro de téléphone d'un agent immobilier : « à vendre », « à louer », voire « vendu », comme une preuve que « oui, vous voyez bien, le marché n'est pas mort ».

Une autre inscription envahit les portes métalliques des garages des particuliers : « Interdiction de stationner, mise en fourrière immédiate », suivie de la reproduction d'une plaque d'immatriculation. Et devant le garage, parfois, la voiture dotée de cette même plaque. Pour traverser une artère, le passant ne trouve pas toujours un passage pour piétons, ou alors assez loin. À pied, l'accès au Jardin des poètes, de quel côté qu'on vienne, n'est pas des plus aisés. Il faut descendre un escalier puis emprunter un passage souterrain.

Fausses écluses, faux pont

Les allées Paul Riquet, qui portent en occitan le joli nom de *passejada* et mènent à l'élégante façade ouvragée du théâtre municipal, sont bordées par deux contre-allées. On y aperçoit deux étranges véhicules, un *school bus* américain, carcasse de camion, feux voyants sur les côtés, carrosserie jaune criard, et un bus à impériale rouge, au toit décapotable. Il s'agit, c'est écrit dessus, des « bus des allées », à l'accès gratuit, qui effectuent en été la navette entre le théâtre et le centre commercial Polygone situé à proximité de la gare.

Le Polygone, justement. Beaucoup de Biterrois accusent ce centre commercial inauguré en 2010 d'avoir aspiré la clientèle des commerces du centre-ville. Le complexe – « à ciel ouvert » proclame son site Internet – affiche il est vrai une apparence coquette. Ses concepteurs ont évité de céder au gigantisme. Le sol est impeccablement dallé. Des boutiques de prêt-à-porter, d'équipement de la maison ou de téléphonie sont disposées sur deux niveaux le long d'allées centrales. Une surface alimentaire, un cinéma et un bowling viennent parfaire l'offre. Des bancs, chaises longues et plantes vertes agrémentent le confort des promeneurs, qui sont avant tout des consommateurs. Les étages supérieurs du bâtiment sont voués à l'habitat. Pas de rumeur motorisée dans cet univers, mais des conversations, des cris d'enfants, de la musique d'ambiance aux tonalités qui s'adaptent à l'heure de la journée.

Les « restaurants », si on peut appeler ainsi ces établissements proposant des plats préparés et néanmoins exotiques à partir de substances comestibles fournies par l'industrie agroalimentaire, sont disposés le long d'une terrasse offrant un bel horizon. Une cascade artificielle, dévalant trois niveaux successifs entre deux escaliers, copie les célèbres écluses de Fonserannes, une série d'ouvrages d'art permettant au canal du Midi, à moins d'un kilomètre de là, de franchir un dénivelé de 21 mètres. Au premier niveau du centre commercial, en contrebas de l'écluse contrefaite, une petite étendue d'eau peuplée de poissons rouges rappelle le canal lui-même. Au niveau le plus élevé, une passerelle métallique surplombe le filet d'eau artificiel et arbore une plaque de rue, vert et liseré bleu façon Paris, mentionnant « Pont des amoureux ». Aux grilles, quelques sentimentaux ont accroché des cadenas. La ville meurt ? Qu'importe ! On vous en recrée une autre, toute neuve, toute belle, toute fausse, à deux pas de l'ancienne, et entièrement vouée au commerce.

Aquí es Besièrs

Après cette visite instructive, on remonte en direction des allées Paul Riquet. Le cœur de Béziers symbolise, mieux que n'importe quel autre quartier, le déclassement que connaît la ville. Des façades s'effritent, des boutiques ferment, les passants hésitent à s'asseoir aux terrasses. À ce lieu emblématique, Robert Ménard veut redonner toute sa splendeur. Ce soir-là, la communauté d'agglomération Béziers Méditerranée, où le FN ne dispose pas de la majorité, organise une « foire aux vins ». Pour 5 euros, on reçoit un verre et trois tickets qui donneront le droit de déguster un cru du biterrois. Sous une affiche proclamant « *Aquí es Besièrs* » (« ici, c'est Béziers », en occitan), la foule se presse autour des stands des vignerons, s'assoit sur les fauteuils en plastique, se nourrit d'une assiette de fromages ou de charcuterie. L'événement est organisé par l'agglomération, mais le maire est là. Rien ne lui échappe.

« Ras-le-bol des gros »

Quelques heures plus tôt, on a pu brièvement rencontrer son adjoint à l'urbanisme, Didier Bresson, dans la galerie de peintures dont il est propriétaire. L'homme, qui dirige par ailleurs une école taurine, où l'on forme des toreros, regrette la décadence du centre-ville. Après une tirade, attendue de la part d'un élu d'extrême-droite, sur « ces populations qui ne s'intègrent pas », l'élu évoque les hypermarchés. Pas seulement le Polygone, mais les autres grandes surfaces qui ont éclos sur le territoire de la commune, dans le périmètre de l'agglomération et même au-delà. « On en a construit pour 300 000 habitants alors qu'on est que 110 000 », se lamente Didier Bresson, impuissant face à la grande distribution. Dans le journal municipal, organe de combat de la municipalité Ménard, une double-page dénonce « une nouvelle implantation de grande surface, aux portes de notre ville » et propose aux habitants de « se mobiliser » contre le projet. « Sur 470 cellules commerciales au centre-ville, 32 % sont vacantes », peut-on lire dans cet article qui porte le titre : « Ras-le-bol des gros ». Quelques mois plus tard, la municipalité réitère. À la une du journal, une image de bombe atomique, et ce titre : « Non à la guerre nucléaire des grandes surfaces ! » Le combat contre la grande distribution fait manifestement partie du corpus idéologique de Robert Ménard. Mais dans la vraie vie, loin des postures, l'édile de Béziers se comporte comme n'importe quel maire bâtisseur. Ainsi, en mars 2016, il inaugure une enseigne Lidl en périphérie de la ville.

\ Périgueux, novembre 2014

Sur la petite place Saint-Louis, à l'abri des murs de pierre périgourdine chargés d'histoire, le marché au gras, qui se tient le mercredi et le samedi tout l'hiver, offre l'image réconfortante d'une préfecture repue. À première vue, Périgueux, Dordogne, 30 000 habitants, a tout d'une ville tranquille, prospère, heureuse. Les touristes qui visitent le Périgord regrettent souvent de n'y séjourner qu'une seule nuit. Avis aux amateurs : il faut marcher, se perdre dans le dédale médiéval, admirer les façades oscillant entre le bistre et le blanc cassé, une couleur qui rappelle étrangement la graisse de canard… Il faut passer la rue Saint-Front, celle qui débouche sur l'imposante cathédrale aux allures de basilique, pousser l'aventure dans les ruelles jusqu'à découvrir la vue qui s'étend sur la rivière Isle et sa rive gauche. Périgueux vaut bien davantage qu'un simple détour.

Mais cette belle image se lézarde. La capitale du canard a perdu 10 000 habitants depuis les années 1960, un record en France.

Par un effet de vases communicants, les communes de périphérie ont vu leur population décupler. Le Grand Périgueux, communauté d'agglomération, rassemble 33 communes et plus de 90 000 habitants. La grande surface commerciale située sur le territoire des communes de Trélissac et Boulazac, à l'est, et celle située à Marsac, à l'ouest, concurrencent âprement les commerçants du cœur historique. « Aller à Boulazac », pour de nombreux habitants de l'agglomération, signifie « faire ses courses à la zone commerciale ».

Le groupe Auchan, locomotive du centre Péri-Ouest, à Marsac, veut désormais « moderniser » sa galerie marchande, afin de renforcer son « attractivité ». On s'apprête à réaménager la zone commerciale vieillissante, conçue dans les années 1960, on convoque de nouvelles marques. L'hypermarché, déjà agrandi récemment, affiche « une reconfiguration façon mini-centre-ville avec halle maraîchère, kiosque pâtissier, poissonnerie », peut-on lire dans *Sud Ouest*. La guerre entre les promoteurs est déclarée. Ou plutôt, elle n'a jamais cessé. Et se poursuivra : certains, en ville, évoquent un futur développement au sud, non loin de l'autoroute Bordeaux-Lyon, la fameuse « autoroute des présidents » qui traverse le Massif central en desservant la Corrèze de Jacques Chirac et François Hollande et le Puy-de-Dôme de Valéry Giscard d'Estaing.

Les Périgourdins se rendent massivement dans ces complexes commerciaux. Et en ville, les commerces souffrent. Pour Jacky Raimbault, libraire rue du Président-Wilson, qui mène au cœur historique, « la ville reste pimpante, mais en réalité elle est au bord du gouffre ». Tel est aussi l'avis de Jean-François Cros, président de l'association des commerçants et engagé à l'UDI : « On en est pour l'instant à la première étape, le départ des familles vers la périphérie. » Il s'inquiète de voir Périgueux prendre le chemin de « Lunel ou Castelnaudary », des villes qui ont rapidement périclité. Alarmiste, le commerçant distingue les activités qui fonctionnent encore – « commerce de bouche, vêtements haut-de-gamme, qualité » – de celles qui sombrent – « biens intermédiaires, équipement de la maison, décoration ». Pour expliquer ce déclin, il évoque pêle-mêle la cherté des loyers proposés par des propriétaires exigeants, les taxes foncières, et les horaires des restaurants dans cette « ville où l'on mange à 21 heures l'été », au grand dam des touristes. Le représentant des commerçants fustige aussi la navette électrique qui tourne en boucle dans le centre-ville, « gratuite et vide, pour un coût de 180 000 euros par an » et ces commerçants qui laissent leurs « voitures ventouses » douze heures d'affilée au même endroit. Et pourtant, « Périgueux connaît un certain dynamisme ! » s'exclame Olivier Georgiades, élu écologiste à Trélissac, qui cite en particulier « la vie associative foisonnante, sportive ou culturelle, ainsi que l'offre éducative importante, au vu du nombre de places en crèches ou du développement du campus universitaire ».

« Les transports, c'est peinard »

Dès qu'on parle de la vitalité commerciale, la question des déplacements vient cependant sur le tapis. Jean-François Larenaudie, maire (divers gauche) de Notre-Dame-de-Sanilhac, une commune de 3 000 habitants qui jouxte Périgueux, est vice-président de l'agglomération en charge des transports. Après les élections de mars 2014, il a accepté de prendre cette responsabilité au sein de la collectivité, dirigée par la gauche alors que la ville a été remportée par la droite. « Je pensais que le travail, à la délégation transports, serait peinard, mais en fait c'est assez technique », admet-il.

Cependant les transports occupent une portion congrue de l'espace public. Car le ravitaillement hebdomadaire mobilise la plupart du temps la voiture individuelle. Ceux qui prennent leur voiture tous les jours pour se rendre au travail, et ils sont largement majoritaires, se plaignent des embouteillages. Il ne s'agit pas de gigantesques bouchons comme on peut en voir sur le périphérique parisien, mais de ralentissements récurrents, des moments d'agacement lorsque le feu passe au rouge sous son nez, vingt minutes le matin et une demi-heure le soir.

Les mêmes dénoncent les difficultés de stationnement. « C'est devenu impossible de se garer », maugréent-ils.

Pourtant, les parkings publics, parfaitement gratuits et situés en surface, ne manquent pas. Les jolies chaussées pavées qui bordent l'Isle sont aménagées pour que chacun puisse y stocker sa voiture. Il en va de même de la majestueuse esplanade de Tourny, face à la préfecture. Et dès que l'heure du marché est passée, les véhicules, modèles modernes ou titines vieillissantes, réinvestissent les jolies places médiévales où, une demi-heure plus tôt, on négociait son foie gras et ses gésiers.

Le réseau de bus, admet Jean-François Larenaudie, est poussif. À ce moment-là, en novembre 2014, la vente de billets n'a pas encore été informatisée et certains véhicules affichent 18 ans d'âge. L'agglomération a momentanément renoncé à la création d'un « BHNS », le « bus à haut niveau de service » qui circule dans des couloirs dédiés et affiche une régularité de métronome.

Le président du Grand Périgueux, Jacques Auzou, maire (PCF) de Boulazac, plaide lui aussi pour le développement des transports en commun, qui ne représentent aujourd'hui que 4 % des trajets, une proportion qu'il aimerait porter à 12 %. Le président évoque surtout l'« enclavement », qui minerait l'activité. Les routes sinueuses, le TGV qui n'arrive qu'à Angoulême, l'aéroport concurrencé par celui de Bergerac seraient à l'origine des difficultés de Périgueux. Comme le maire Antoine Audi (LR), il plaide pour le maintien, à grands frais, d'une ligne aérienne entre l'aéroport de Bassillac et Orly. « Je défends l'avion pour que les entreprises de Dordogne puissent être compétitives », soutient Jacques Auzou. Pourtant, l'aéroport n'a été utilisé, en 2014, que pour 5 000 trajets, effectués en tout et pour tout par 483 personnes.

\ Privas, novembre 2014

Retrouver un air de préfecture. C'est tout l'espoir, toute l'ambition, tout le dessein de Privas, où siège pourtant le département de l'Ardèche. Mais les Privadois aiment énumérer les particularités du département et de son chef-lieu : « Préfecture la moins peuplée de France, la seule sans transports publics, seul département sans gare ferroviaire destinée aux passagers. »

S'il lui fallait une spécialité, ce serait la châtaigne, voire le cèpe. Privas, son petit centre-ville posé sur un piton entre deux rivières, n'est pas vraiment une étape sur la route des vacances, à peine une halte pour les Néerlandais ou les Parisiens en partance pour la grotte Chauvet ou qui s'apprêtent à descendre la vallée de l'Ardèche en canoë. Entourée d'espaces grandioses propices à la randonnée, la ville ne sait pas très bien si elle est du Sud ou non. On dénote ici ou là quelques pointes d'accent méridional, mais on ne prononce pas le « s » final, comme on le ferait du côté de Marseille. « Ici, c'est Midi moins le quart », résument les Privadois.

C'est en entendant résonner ses pas dans les rues vides du centre historique, au milieu des murs de pierres austères, que l'on comprend le désarroi de Privas. La ville ne doit son statut administratif qu'à sa position centrale dans le département. De 11 000 habitants en 1975, elle est descendue à 8 000 aujourd'hui. Comme ailleurs, la périphérie s'est étendue, les communes avoisinantes ont grossi alors que la ville se vidait. En épluchant les statistiques, on découvre une fiscalité « dissuasive », une taxe d'habitation plus élevée que dans les communes environnantes.

En outre, la ville abrite quelques-uns de ces bâtiments qu'impose le statut de préfecture sans flatter la fierté de ses habitants : une prison, un centre d'accueil pour les demandeurs d'asile et un hôpital psychiatrique, l'institution Sainte-Marie, qui vaut à la cité le sobriquet de « ville des fous ». « Ah, t'es taré, toi, on va t'envoyer à Privas », dit-on, encore de nos jours, dans les cours d'écoles du département. Mais « les fous » sont bien moins dangereux que les camions qui filent à grande vitesse vers Aubenas, par le col de l'Escrinet. Sur son trottoir minuscule, au milieu du vacarme, le passant sent le souffle du poids lourd.

Quelques jolis magasins subsistent dans les petites rues du centre : une boucherie, une crémerie, des artisans, et puis cette « échoppe paysanne », où l'on trouve des produits régionaux – crème de marron, miel, fromage de chèvre. Sur toute l'étendue d'une façade aveugle, on remarque, presque intacte, la célèbre réclame des années 1930 pour un vin tonique au quinquina : « Dubo, Dubon, Dubonnet. »

Mais cela ne doit pas faire illusion. « Beaucoup de commerces sont des salles d'attente », lâche Rémy Chalaye, ancien libraire et patron du café-restaurant Le Bouchon, sur la place de l'Hôtel-de-Ville. « Une fois que le propriétaire partira en retraite, ces pas de porte seront cédés », ajoute-t-il. Rémy Chalaye, qui fut aussi la tête d'une liste « Cap à gauche » lors des dernières municipales, détaille les produits qu'il n'arrive plus à trouver dans le centre historique : « tout ce qui sert au bricolage, l'électricité, la papeterie, les facturiers, la colle forte, etc. »

Car la plupart des achats se font désormais « au Lac », comme on dit, le centre commercial situé sur la commune d'Alissas, à trois kilomètres. De nombreux commerces y ont trouvé refuge ainsi que l'agence de Pôle Emploi. Récemment, le laboratoire d'analyses médicales a déménagé à son tour, provoquant le désarroi du bistrotier. « Pour faire des analyses, il faut être à jeun. Mais après la prise de sang, les gens ont toujours envie d'acheter une pâtisserie, de boire un café, avant de passer prendre leurs résultats. Avant, ils passaient au Bouchon », raconte-t-il. Désormais, le laboratoire « est situé face à un parking, en pleine zone commerciale ». Les patients qui sortent à jeun du laboratoire « doivent se rabattre sur une boulangerie de chaîne ou un McDo qui ouvre à 11 heures ». Mais même au Lac, l'avenir n'est pas assuré. La zone commerciale végète doucement. Certains locaux ne trouvent pas preneur. « Les gens préfèrent faire leurs courses à Valence », résume un jeune Privadois.

Et à Valence, on y descend en voiture, forcément. Beaucoup plus rarement en bus. Privas disposera-t-elle un jour de transports publics ? « La population comme des élus réitèrent cette demande », témoigne Yann Vivat, le jeune vice-président en charge de la mobilité à la communauté d'agglomération. L'élu calcule au plus juste. Une ligne de bus, ça coûte cher, et le budget de l'agglomération est limité. « Je connais des endroits où l'on a mis en place une navette, mais personne ne la prend », finit-il par lâcher. L'élu, qui se « réjouit des contraintes », mise sur un « cocktail de mobilités », par exemple « le partage de véhicule intergénérationnel, entre personnes âgées qui ont une voiture mais ne s'en servent pas et les jeunes qui pourraient la conduire ». Voilà qui pourrait être utile à bien des gens. Parce que, pour le moment, « ici, la voiture est reine ». Rompon, la bourgade des bords du Rhône dont il est maire (divers gauche), compte « 1 060 habitants, le même nombre qu'il y a un siècle, mais dispersés sur tout le territoire de la commune alors qu'ils étaient ramassés dans le centre-bourg il y a cent ans ».

Saint-Tropez des terres

Le maire de Privas, Michel Valla (divers droite), attribue le déclin du cœur historique aux « petits cambriolages, incivilités » commis « par des gens qui viennent de l'extérieur », comme il l'a précisé à l'hebdomadaire local *La Tribune*. Sa recette implique des caméras de surveillance, la multiplication des contrôles de police et une montée en puissance du dispositif « Voisins vigilants ». L'élu espère ainsi convaincre « des retraités, des cadres, des employés » de venir s'installer à Privas.

Cette tentation de faire de la ville une sorte de Saint-Tropez des terres ne semble pas séduire Henri Pol, chapeau de cuir et boucle d'oreille. Baguenaudant d'un village à l'autre, dans les vallées et hauteurs du département, ce photographe aime saisir les façades délabrées, les jolies boutiques définitivement fermées, les vitrines délaissées, les stores en ferraille qui ne se lèveront plus. « Les villes meurent, nous sommes tous complices », lâche-t-il. Le photographe incrimine les commerçants eux-mêmes, ceux qui « veulent monter une affaire, gagner beaucoup en cinq ou six ans puis revendre avec une grosse plus-value, au contraire du petit épicier qui travaillait toute sa vie, debout à 6 heures, fermé à 8 heures du soir, et qui s'arrêtait juste quinze jours l'été pour aller dans le Var ».

Henri Pol espère que le Conseil d'architecture, d'urbanisme et de l'environnement (CAUE) de l'Ardèche acceptera d'exposer ses photos « en grand format, à l'extérieur ». En attendant, l'homme effectue de temps à autre quelques remplacements dans des bureaux de poste, au Cheylard (3 000 habitants) ou ailleurs. « Je trouve que c'est bien que La Poste soit encore dans les petites villes. Mais franchement, il y a des jours où personne ne passe. »

\ Valence TGV, novembre 2014

À quelques dizaines de kilomètres de Privas, sur la rive gauche du Rhône, la gare de Valence TGV fut qualifiée juste après son inauguration, en 2001, de « gare lavande », comme il existe des « gares des betteraves » au nord. Mais si vous en étiez resté à la halte en pleine campagne, sachez que ce temps-là est révolu. Non loin de ce monstre de béton, de verre et d'acier qu'est la gare proprement dite, s'étalent désormais des bâtiments rectangulaires ou cylindriques de plusieurs étages, des bureaux, hôtels, banques ou services administratifs. Les avenues sont rectilignes, longées d'arbustes, de buissons et fossés végétalisés, de trottoirs et de pistes cyclables. Comme on peut le lire sur un panneau d'information, il s'agit d'un « Écoparc », géré par le syndicat mixte Rovaltain, composé de plusieurs collectivités.

Et ce n'est pas fini. Le comité syndical de l'Écoparc a annoncé en octobre 2014 l'implantation de nouvelles activités. « Outre les 66 000 m^2 déjà livrés, reste un potentiel de construction de 100 000 m^2 », rapporte *Le Dauphiné libéré*. Les élus, y apprend-on, tiennent à leurs « thématiques favorites, éco-construction, numérique, toxicologie ». Et les promoteurs se réjouissent de la prochaine « valorisation du "front de gare" », ces bâtiments situés face à la gare, par analogie avec le front de mer. Dans toute la région, « Rovaltain », comme disent les habitants du coin, attire ceux qui cherchent un emploi dans le secteur tertiaire.

L'enceinte de la gare, parkings inclus, est entourée de grilles, fermée au public entre 23 h 30 et 5 h 20 les jours de semaine. Le reste de ce morceau de ville ne vit qu'aux heures de bureau. Le quartier est desservi par le bus, mais avec modération. On ne compte que 14 passages par jour, seulement 4 entre 7 heures et 9 heures.

Dans l'obscurité d'un début de nuit d'automne, l'endroit paraît irréel. Les lampadaires semblent tristes, les rues sont vides, on entend à intervalles réguliers le sifflement des longs serpents métalliques et colorés qui filent vers la Méditerranée ou vers les brumes du nord. Sur les quais en béton brut, les voyageurs attendent leur train, debouts et impassibles, comme les silhouettes inanimées d'une quelconque maquette d'architecture. Ce soir-là, le hall de la gare, juste au-dessus des voies, accueille un marché « 100 % bio », dont on peut trouver la description sur le site de Gares et connexions, la branche de la SNCF dédiée aux gares : « Les producteurs et artisans bio de la Drôme vous régalent ! À découvrir : légumes anciens, fruits de saison, pain artisanal, pognes, clairette, plantes médicinales ! Après avoir goûté aux plaisirs de bons produits bio drômois, vous pourrez ensuite commander des paniers et les récupérer sur le marché ! »

Les villes meurent ? Qu'importe, on en construit de nouvelles, loin de celles qui existaient déjà, mais selon les critères bien normés du développement durable et de la construction passive. Et on peut s'y fournir en bons produits bio.

\ Soissons, décembre 2015

Les briques alternent avec les pierres de taille haussmanniennes. Ce n'est plus tout à fait l'Île-de-France, mais pas encore le Nord. Soissons, presque 30 000 habitants, tergiverse. Ancienne capitale du royaume des Francs, la « cité du vase » possède un beau passé mais un avenir incertain. Visible de loin, l'abbaye Saint-Jean-des-Vignes dresse ses deux flèches vers le ciel.

Mais du bâtiment, il ne reste que la silhouette ciselée. L'abbaye a été rasée, comme une bonne partie de la ville, lors de la Première Guerre mondiale. Soissons était alors une sous-préfecture prospère, point de convergence urbain des cultivateurs des plateaux fertiles du Soissonnais.

Le long de l'avenue qui descend de la gare, en cette journée d'hiver douce mais venteuse, les grandes maisons bourgeoises témoignent de ce passé glorieux. Mais quelques vitrines abandonnées, une ancienne boucherie, une ancienne épicerie, démentent l'impression générale. Seules certaines activités semblent tenir le choc : concessionnaire, marchand de pneus, stages de récupération des points de permis de conduire.

Dans les quelques rues du centre-ville, l'harmonie domine toutefois. La cathédrale Saint-Gervais-Saint-Protais, amputée d'une tour lors de la Grande Guerre, fait partie de celles qu'il faut avoir vues dans le Bassin parisien. Autour de cet ouvrage médiéval, des rues pavées arborent de jolies maisons symétriques, de belles bâtisses beiges en pierres de taille. La mairie est un petit château ; la sous-préfecture occupe un hôtel particulier. On ne dirait pas de Soissons qu'elle est une jolie ville, mais qu'elle a du charme.

La magie de Noël

À l'approche de Noël, les rues commerçantes profitent de la frénésie consommatrice qui saisit la population en cette saison. Malgré la température clémente, la patinoire installée par la ville ne désemplit pas, les sapins se dressent, enguirlandés, des hommes recrutés pour l'occasion et payés à l'heure prennent une pose aguicheuse dans leur costume écarlate. Des airs entêtants et de saison s'échappent sans discontinuer des haut-parleurs disposés sur les façades. Et les vitrines abandonnées se comptent sur les doigts des deux mains : un restaurant, un « shop » destiné aux vapoteurs, une large boutique sur la devanture de laquelle s'inscrit « liste de mariage ».

En cette intense période de shopping, le flux humain déborde dans la rue Saint-Martin, la principale artère. Toutes les places font office de parking : devant la cathédrale et derrière la cathédrale, face à l'hôtel de ville, sur la Grand-Place, autour du monument aux morts de la Grande Guerre, sous les vestiges des remparts romains, etc. Et on trouve, comme partout, des voitures posées sur les trottoirs ou garées sur les passages pour piétons. La magie de Noël est motorisée.

Dès que l'on sort des rues animées, les magasins abandonnés sont plus nombreux. Sur les rives de l'Aisne, l'ancienne salle des ventes ne fonctionne plus depuis longtemps. Elle fut un temps transformée en friperie, comme en atteste encore un panneau orange posé sur le fronton. Mais le magasin a lui aussi fermé et cherche un repreneur, signale un panonceau posé sur la façade aveugle. Dans le quartier de Presles, au milieu des grands ensembles où vit une population pauvre et d'origine maghrébine ou africaine, des petites surfaces commerciales ont aussi baissé le rideau.

« Boîtes à chaussures »

Les Soissonnais aiment rappeler la transformation de l'ancienne caserne Gouraud en pépinière d'entreprises, vanter le conservatoire et son acoustique exceptionnelle et s'enorgueillir de l'installation d'un hôtel haut de gamme. Toutefois, ils se sont résignés depuis longtemps à une activité vacillante. Située à seulement 80 kilomètres de Paris, la ville ne profite pas de cette proximité. Les fermetures d'usines ont succédé aux crises céréalières et aux reconversions aléatoires. Ici, on observe la mondialisation des échanges et des idées à travers le prisme déformé de la crise économique. Le taux de chômage atteignait déjà 16 % en 2012, bien plus que la moyenne nationale. Les plus optimistes attribuent ces défaillances à une mauvaise desserte. Le TER, souvent bondé, rallie la ville à la capitale en une bonne heure. Et personne ne s'est jamais résolu à transformer la route nationale en quatre voies tout au long de son parcours.

Cela n'a pas empêché les centres commerciaux de proliférer, jusqu'à saturation. La « nouvelle zone », celle dont tout le monde parle en ville, s'étage sur une colline, le long de la « route de Paris ». Aux Portes de Soissons, c'est le nom de ce complexe, le « drive » est en bas, à côté de la station-service. Quelques mètres plus haut, tous les bâtiments sont sobrement peints du même beige. Les logos de Chaussea, C&A, Darty, Quick ou Léon de Bruxelles s'affichent sagement sur les façades agencées en arc de cercle autour du parking, telle une place de village. Manifestement, les concepteurs ont tenu à s'affranchir du concept « boîte à chaussures » en vogue depuis des décennies dans les zones commerciales. Les tout jeunes arbres qui bordent les avenues sont taillés en espalier, à la manière de ceux que des jardiniers célèbres ont plantés dans le parc des châteaux. Une piste cyclable au bitume tout neuf traverse le complexe, mais s'arrête au rond-point suivant.

Friches commerciales

À 300 mètres à vol d'oiseau, mais à près d'un kilomètre par la route, le parc des Moulins, un peu moins récent, propose un Décathlon, un Gémo et un supermarché Grand Frais, ainsi que quelques boutiques vestimentaires. Des haut-parleurs diffusent la même musique sirupeuse que dans le centre-ville. Ce lundi matin, trois jours avant Noël, les immenses « parkings paysagers », décorés d'arbustes, étalent leur bitume inutile. Les allées piétonnières sont vides. Deux énormes champignons en plastique ont poussé non loin du Gémo. Quelques enfants, couvés des yeux par leurs ascendants, y testent leur capacité à marcher sur une poutre ou s'essaient à la tyrolienne.

Il faut traverser une petite rivière appelée la « Crise » et emprunter quelques rues dessinées au milieu des délaissés herbeux pour parvenir à la « ZAC de l'Archer », inaugurée dans les années 1990. Les entrepôts en tôle ondulée, décorés de couleurs criardes, signent une époque dépassée. Les façades s'affichent rose flashy, écarlate, violet, jaune canari. Les logos en lettres énormes défient le visiteur, l'aguichent sans ménagement : Gitem, Best Mountain, 4 Murs. Un Mr. Bricolage géant s'étale sur toute la largeur d'un entrepôt. En contrebas, un hôtel Première Classe peu avenant, entouré de grilles, propose une série de chambres donnant sur des coursives sans charme. L'impression de désolation domine. D'autant que quelques magasins sont désormais vides. Les portes des boutiques Gitem, Orchestra et Gémo sont closes. De simples affiches en papier, posées derrière une vitre, préviennent le visiteur : « Retrouvez-nous au parc des Moulins. » Sur la vitrine de l'ancien Orchestra, c'est à la main, au feutre bleu, que le message s'affiche : « Nouvelle adresse : Zone Darty-But à Vauxbuin » – le nom d'une commune de la périphérie soissonnaise.

CHAPITRE 2

Histoire d'un déclin

« À Dunkerque, je ne peux pas me vanter d'avoir écumé les boîtes de nuit. Ça m'a semblé d'une tristesse, cette ville ! C'est un port, certes, mais ce qui marche vraiment, ce sont les cigarettes et l'alcool. » En mai 2015, en pleine promotion du film *La Tête haute* où elle incarne une juge des enfants, Catherine Deneuve évoque amèrement ses journées de tournage. Comme lorsque *Le Monde* avait qualifié Saint-Étienne de « capitale des taudis », les réactions, à Dunkerque, alternent entre fureur et raillerie. *La Voix du Nord* se fend d'un billet assassin. Un groupe Facebook invite à « boycotter le film ». La ville de Dunkerque réclame des excuses et le maire, Patrice Vergriete (divers gauche), réagit, toujours dans le quotidien régional : « Madame Deneuve a-t-elle seulement posé ses yeux sur notre longue et belle plage de sable fin ? A-t-elle pris la peine de découvrir notre ancien port historique ? D'admirer notre trois-mâts, le *Duchesse Anne* ? » Et l'édile d'inviter la star à passer quelques jours dans la ville portuaire, « pour lui faire découvrir le territoire et sa population ».

Retraçons un instant son séjour. Durant le tournage, Catherine Deneuve ne loge pas à Dunkerque, mais dans un hôtel prestigieux du mont Cassel, à une vingtaine de kilomètres de la ville. Un chauffeur est chargé chaque matin de la conduire sur le lieu du tournage. On peut raisonnablement supposer qu'il s'agit d'une luxueuse berline aux vitres teintées. De son siège capitonné, la star aperçoit ce que toute ville moyenne donne à voir, de nos jours, en France : des vitrines vides, quelques bistrots, des voitures garées sur les trottoirs, mais aussi beaucoup de gens qui se déplacent à pied, essentiellement des hommes car la rue est masculine, des hommes pas très riches, peut-être une cigarette à la main. Mais ce dont Catherine Deneuve ne se doute *a priori* pas, ni dans sa berline, ni, de retour à Paris, des balcons de son appartement de la place Saint-Sulpice, c'est que dans toutes les villes, aujourd'hui, on peut observer ce qu'elle a vu à Dunkerque. Il faut passer sa vie en plein centre de Paris pour imaginer encore des cités de province prospères, animées par des boutiques de quartier où le notaire soulève son chapeau pour saluer la mercière.

Morts pour la France

La crise urbaine s'aggrave d'année en année. L'alerte est donnée à la fois par les spécialistes du commerce et les élus locaux, qui constatent, de concert, la prolifération des vitrines vides. Depuis le début des années 2010, les témoignages abondent, les reportages fleurissent, les statistiques confirment. Dans la presse régionale comme dans les journaux télévisés, le thème de la ville sinistrée suscite de temps à autre « un sujet ». Les téléspectateurs découvrent le triste sort de ces commerçants et artisans qui décalent de mois en mois le paiement de leurs factures, et n'osent pas l'avouer à leur entourage.

On se penche alors sur le malaise de ces entrepreneurs, prompts à attribuer leurs difficultés, pêle-mêle, aux taxes, aux impôts, à la complexité des normes, aux difficultés d'embauche, aux charges sociales et à la concurrence d'Internet. En janvier 2014, à Breteuil (4 500 habitants, Oise), des restaurateurs, buralistes, coiffeurs, boulangers, tous installés dans le centre-ville, installent des planches en forme de cercueil sur le devant de leur boutique. « Ceci est l'avenir de vos commerçants » puis, en lettres capitales,

« morts pour la France », peut-on lire sur le bois verni. En quelques semaines, la « mode » des cercueils se répand dans d'autres villes du département et jusque dans la préfecture régionale, Amiens. Les médias évoquent alors le « ras-le-bol fiscal ».

À l'approche des élections municipales de 2014, les reportages dans les villes convoitées par le Front national racontent à peu de choses près la même histoire. À Perpignan, Fréjus (Var), Hayange (Moselle) ou Hénin-Beaumont (Pas-de-Calais), le centre-ville est « à l'agonie », constatent les journalistes. Les caméras filment les stores baissés, les trottoirs délabrés, les détaillants désespérés et le maire sortant qui avoue son impuissance. « Dans le centre vivent ceux qui n'arrivent pas à accéder à des logements sociaux faute de places disponibles ; ceux qui n'ont pas les moyens d'acheter une voiture », peut-on lire dans *Le Monde* à propos de Hayange. L'accumulation de ces images finit par dresser un constat : en France, les villes meurent.

La « France périphérique »

La consécration des métropoles, d'une part, la crise sociale qui perdure et la nouvelle poussée du Front national, d'autre part, soulignent, au milieu des années 2010, ce qu'il est convenu d'appeler la « fracture territoriale ». Plusieurs auteurs abordent cette question, sous un angle tour à tour économique, social, géographique ou sociologique.

En 2014, le géographe Christophe Guilluy décrit dans *La France périphérique* le décalage croissant entre « les métropoles mondialisées » et les villes petites et moyennes. La population des premières, « intégrées à l'économie-monde », inclut à la fois « les classes dirigeantes » mais aussi les « immigrés » – c'est comme cela que Guilluy baptise les personnes d'origine maghrébine ou africaine, qui bénéficieraient inlassablement de « la libéralisation des échanges ». À l'opposé, la « France périphérique », « fragile et populaire », peuplée principalement de Blancs, subirait en silence les conséquences de cette même machine économique. Dans les mois qui suivent la parution de cet ouvrage, plusieurs cadres du Front national, notamment Bruno Gollnisch ou Florian Philippot, ne se privent pas de reprendre cette thèse à leur compte.

En 2014, toujours, pour la chroniqueuse Natacha Polony, la France est « ce pays qu'on abat ». Nostalgique de l'époque où le Pas-de-Calais s'appelait Artois et la Dordogne, Périgord, la femme de télévision regrette l'industrialisation de l'agriculture et la fin des paysages, concomitantes de l'étalement urbain galopant. Dans *En France*, la journaliste Florence Aubenas dépeint un pays perdu, loin de Paris, des villes et campagnes oubliées où, « le 20 du mois, les voitures cessent de rouler parce qu'on n'a plus d'argent pour y mettre une goutte d'essence ». En avril 2016, l'écrivain et journaliste Vincent Noyoux publie un *Tour de France des villes incomprises*, sorte de guide touristique de « douze villes pas gâtées par la vie ». Tous ces ouvrages décrivent, de manière diverse, une fracture croissante entre des « élites », repues et informées, et un « pays réel », angoissé et déboussolé.

En 2014, le massacre des Yézidis, chrétiens d'Orient, par Daech émeut l'Occident. Le vénérable Charles Aznavour, 90 ans, propose alors d'accueillir les réfugiés dans les villages désertés de France. « Mes tournées et mes voyages les plus récents à travers l'Hexagone m'ont permis de découvrir de charmants villages, aujourd'hui totalement à l'abandon », raconte le chanteur dont les parents ont fui l'Arménie lors du génocide de 1915. En France, ajoute-t-il, « les terres sont en friche. Il y a des écoles, des bureaux de poste, mais personne n'y a sans doute mis les pieds depuis quelques années ». Le chanteur réitère ses propositions, et donc ce constat d'un pays dépeuplé, à l'été 2015, quand des centaines de milliers de personnes quittent l'Afrique et le Proche-Orient pour se réfugier en Europe.

Le dessinateur Cabu, assassiné le 7 janvier 2015 dans les locaux de *Charlie Hebdo*, ne croquait pas seulement les soutanes, les treillis et les bedaines velues, mais saisissait également avec finesse les travers de la société contemporaine. Fin août 2014, *Le Canard enchaîné* imprimait un dessin titré « La France va mal » et représentant François Hollande circulant en voiture dans une rue aux rideaux de fer baissés. « Il doit bien y avoir un supermarché qui marche bien, en périphérie ? » se demande alors le président.

À Paris, quelques responsables politiques commencent à comprendre que la dévitalisation des villes moyennes n'est pas un phénomène conjoncturel. À l'association Villes de France, l'ancienne Fédération des maires des villes moyennes (FMVM), qui représente 300 villes de plus de 15 000 habitants, le sujet émerge. « Jusqu'à présent, nous avions tendance à attribuer la situation du commerce aux politiques menées par les municipalités. Or, les maires sont en train de s'apercevoir que c'est un phénomène global », relève Nicole Gibourdel, la déléguée générale. En mars 2016, Villes de France organise un colloque intitulé « Faire vivre le cœur des villes ». Plus d'une centaine de participants, dont de nombreux maires, ont fait le déplacement. À l'hiver et au printemps, les reportages se multiplient, aussi bien à la télévision que dans la presse locale.

Les pouvoirs publics tardent pourtant à prendre la mesure du phénomène. Quelques timides amendements ont certes été insérés dans des projets législatifs. La loi Duflot sur l'accès au logement de mars 2014, dite « loi ALUR », dont les détracteurs ont surtout retenu le blocage des loyers, prévoit la densification des zones urbaines. La loi Pinel, votée en juin 2014, instille quelques mesures pour réguler les loyers commerciaux. Au même moment, la ministre du Logement, de l'Égalité des territoires et de la Ruralité, lance un « appel à manifestation d'intérêt [...] pour accompagner de façon expérimentale la revitalisation de centres-bourgs ». Une cinquantaine de projets dans des communes rurales de moins de 10 000 habitants sont retenus, parmi lesquelles Lizy-sur-Ourcq (Seine-et-Marne) ou Castellane (Alpes-de-Haute-Provence).

En février 2016, le gouvernement confie une mission sur le thème de la revitalisation des commerces de centre-ville à l'Inspection générale des finances et au Conseil général de l'environnement et du développement durable. Dans son jargon technocratique inimitable, le ministère du Logement demande à ces institutions d'identifier « les causes qui expliquent ces difficultés », d'évaluer « l'efficacité des outils disponibles pour lutter contre ce mouvement » et de formuler « de nouvelles propositions pour inverser cette tendance ».

La Caisse des dépôts et consignations (CDC) se saisit également du sujet. Cette puissante institution financière aux missions nombreuses et aux multiples ramifications est notamment chargée de financer le logement social et les quartiers populaires. Partenaire des collectivités locales, liée aux associations d'élus, la « Caisse » dispose d'une position privilégiée pour observer la dévitalisation des villes. Significativement, c'est en se promenant, « à pied et à vélo », dans certaines villes du Sud-Ouest que Marc Abadie, directeur du réseau et des territoires de la CDC, a pleinement pris conscience de cette réalité. L'institution a alors engagé, en 2016, une « démarche globale » avec certaines villes volontaires, comme Cahors, Lunéville ou Libourne.

\ « Ah oui, les vitrines vides ! »

Malgré tous ces signaux, la dévitalisation urbaine demeure un sujet épisodique, une préoccupation secondaire. L'affaire, il est vrai, occupe bien moins les esprits que les attentats terroristes, les catastrophes naturelles, l'afflux des réfugiés en Europe, la déconnexion des élites ou la montée du populisme haineux. Seuls quelques parlementaires isolés comme le sénateur Jacques Genest (LR, Ardèche) ou les députés Jacques Cresta (PS, Pyrénées-Orientales) ou Yves Jégo (UDI, Seine-et-Marne) s'émeuvent de la situation, et le font savoir sous la forme de propositions de loi ou de questions écrites. Au sommet de l'État, pas plus qu'à la tête de LR ou du FN, le sort des villes moyennes ne fait l'objet de commentaires ou de propositions. Le sujet est généralement confondu avec la désertification des territoires ruraux ou la montée en puissance des métropoles.

Les citadins invétérés sont encore incrédules. Les villes ? Moribondes ? Votre interlocuteur, qui vit dans le 6e arrondissement (de Paris, Lyon ou Marseille, en l'espèce peu importe), ne comprend pas. « Mais non, penses-tu, les villes sont riches, et leurs périphéries souffrent. C'est la fracture territoriale, tu sais bien. » Selon une théorie répandue, seuls les ménages fortunés auraient les moyens d'habiter dans le centre, tandis que les classes moyennes seraient contraintes de s'en échapper, chassées par les prix de l'immobilier.

Et pourtant, cette affirmation est fausse. Ou plutôt, elle ne vaut que pour quelques grandes métropoles françaises. Paris, certes, où l'embourgeoisement – ou « boboïsation » – des arrondissements populaires de l'est n'échappe à personne, mais aussi Lyon, Bordeaux ou Nantes. En revanche, dans les agglomérations de moindre importance, ce sont les plus pauvres qui continuent de vivre en ville, tandis que les foyers les plus riches se sont installés en proche périphérie.

Il faut détailler le sujet pour que cet irréductible citadin retrouve le souvenir de cette sous-préfecture de référence, synonyme d'étés monotones dans la maison de belle-maman ou de longs dimanches matins passés à chercher désespérément un fleuriste ouvert. « Mais tu sais bien, les vitrines vides. » Et c'est le déclic : « Ah oui, les vitrines vides ! » Soudain, l'interlocuteur voit précisément de quoi on parle. Et de décrire sa villégiature, sa cité-étalon, les magasins abandonnés et les courses à l'hyper. « Avant, il y avait des commerces dans le centre, mais maintenant, avec la rocade, toute l'activité s'est déplacée dans les zones commerciales. » Et l'énumération commence : « Leclerc, Décathlon, Optic 2000, Buffalo Grill... »

Évoquer un reportage dans les villes en déshérence, c'est réveiller des souvenirs, en même temps que susciter une destination : « Ah mais j'y pense, pour ton bouquin, je te conseille de séjourner à Pontivy » (ou, au choix, Gourdon, Roanne, Fontenay-le-Comte, Saint-Dié-des-Vosges, Langon, Évreux, La Ferté-Macé, Montélimar, Limoges, Boulogne-sur-Mer, Château-Thierry, etc.).

« En cinquante ans, Paris n'a pas changé, mais la province, oui »
La Ferté-Macé (Orne) a bien changé depuis les années 1960, raconte Jean-Marie Lebouc, né en 1943 dans cette petite ville aux toits gris du bocage normand. Le retraité, qui a effectué sa carrière professionnelle à Paris, retourne régulièrement en Normandie. Jusqu'aux années 1990, la commune comptait encore 7 000 habitants, loin des presque 10 000 résidents des années 1870, au moment de l'apogée de l'industrie textile, mais davantage que les 5 700 qui y demeurent encore.
« Les gens préfèrent habiter dans une commune périphérique », constate M. Lebouc. Ce ne sont pas des « banlieues », mais des villages éloignés d'une dizaine de kilomètres, autour desquels se sont greffés des lotissements. Le rapport entre centre et périphérie s'est inversé. Quelques commerces se maintiennent tant bien que mal autour de l'église Notre-Dame, malgré la concurrence du Leclerc, deux kilomètres plus au sud. « Maintenant, le centre est devenu la zone, alors que les communes alentours restent des lieux calmes. » M. Lebouc raconte « les petites incivilités, petits tours en mobylette, klaxons, cris et disputes, le petit trafic de drogue. Rien de bien grave ; ici tout est petit ». Le soir, témoigne-t-il, un seul café reste ouvert, « on a un peu peur, surtout quand on est âgé. En fait, on se sent davantage rassuré dans les rues de Paris ». Le Fertois conclut ainsi : « Paris n'a pas trop changé en cinquante ans, mais la province oui. »

Shrinking cities

Une bonne partie du territoire français et de sa population est directement concernée. La France compte 950 unités urbaines de 5 000 à 200 000 habitants, qui rassemblaient, en 2007, 3 695 communes et 18,2 millions d'habitants, soit un petit tiers de la population. Les 31 plus grandes villes, unités comprenant entre 200 000 et 2 millions d'habitants, pas toutes épargnées par la crise urbaine, rassemblaient à la même époque 1 212 communes et 15,2 millions d'habitants. En comparaison, l'agglomération parisienne pèse 412 communes et 10,3 millions d'habitants.

On peut estimer qu'entre un tiers et la moitié de la population vit dans l'une de ces agglomérations touchées, à divers degrés, par la dévitalisation. Soit, démographiquement, deux à trois fois plus que la région parisienne. Les villes moyennes sont « la colonne vertébrale du territoire français », résume Caroline Cayeux, maire de Beauvais et présidente de l'association Villes de France.

Ces villes ont construit l'économie de leur région pendant des siècles. Leur situation, au bord d'un fleuve, dans la boucle d'une rivière, au pied d'une montagne, à proximité d'une ressource naturelle, dessine un peu la géographie du pays. Leur destinée – duché, évêché, foire médiévale, cité industrielle, chef-lieu de département ou d'arrondissement – raconte l'histoire de la France et de l'Europe. « Enfants chéries de l'État impérial, monarchique et républicain, les villes moyennes ont connu une place privilégiée dans l'Hexagone. Elles ont prospéré grâce au quadrillage étatique avec son cortège de préfets, de magistrats, d'enseignants et d'administrateurs. Leur relatif isolement, lié à la faible densité du pays, leur a conféré une forme de monopole administratif et commercial, voire industriel », expliquent les géographes Daniel Béhar et Philippe Estèbe dans *Libération*, en mars 2014.

Entre les années 1830 et 1960, les villes de l'Hexagone ont enregistré une croissance démographique ininterrompue. Puis la machine s'est grippée. Alors que les Trente Glorieuses battent encore leur plein, quelques cités marquées par une récession industrielle commencent à perdre des habitants. Dans les années 1970, Saint-Étienne, Roubaix ou Mulhouse deviennent les symboles de cette désindustrialisation. On commence alors à parler de « *shrinking cities* », les « villes qui rétrécissent », un phénomène répandu aux États-Unis.

En 1982, les lois de décentralisation octroient aux collectivités, et notamment aux départements, des pouvoirs accrus. Mais paradoxalement, les chefs-lieux de département vivent leur dernière heure de gloire. Car, à la même époque, la construction des autoroutes puis des lignes de TGV réduit fortement les trajets. Un cadre parisien n'est plus tenu de passer la nuit à l'hôtel Terminus, face à la gare, pour tenir une réunion à Arras ou à Valence ; l'aller-retour peut se faire dans la journée. De même, on peut désormais résider à Vendôme, Lille ou Le Mans et travailler à Paris. Les mailles se desserrent, la géographie s'estompe.

Entre 1975 et 2007, le déclin se précise. D'après les statistiques de l'Insee, 69 aires urbaines sur 354 perdent des habitants au cours de cette période. La décroissance démographique touche surtout les villes où l'industrie fléchit, dans le quart nord-est du pays, sur le pourtour du Massif central, en Auvergne, en Lorraine ou dans le Centre. Il s'agit pour la plupart d'agglomérations de moins de 50 000 habitants.

À ce stade, l'hémorragie demeure limitée. De fait, le constat de l'Insee se focalise uniquement sur l'aire urbaine. Autrement dit, si le centre-ville perd des habitants mais que les communes périphériques en gagnent, la ville n'est pas considérée comme une *shrinking city*. Les chercheurs relèvent tout de même une « décroissance accentuée des centres », que ne compense pas « le développement périurbain ».

Robes noires en colère

Depuis, la tendance s'est accélérée. Des services publics – poste, caserne, gendarmerie, maternité – ont fermé. À chaque fois, c'est un traumatisme. En 2008, lors de la réforme judiciaire mise en place par Rachida Dati, alors garde des Sceaux, les maires en écharpe défilent bras dessus bras dessous avec les robes noires en colère contre la fermeture des tribunaux d'instance. Combien d'emplois sont réellement concernés ? Quelques magistrats qui seront nommés ailleurs, une poignée d'avocats qui ne vivent déjà plus en ville, le café du Palais qui ne servira plus, les jours d'audience, un steak à cheval/quart de rouge aux justiciables de passage. Sans doute pas grand monde. Mais c'est un symbole. La suppression maintes fois annoncée et toujours reportée de l'échelon administratif du département provoque toujours autant d'effroi. En 2015, suite au regroupement des régions voulu par François Hollande, le transfert de la capitale régionale suscite l'inquiétude dans les villes détrônées, Amiens, Clermont-Ferrand, Caen ou Poitiers.

D'autres activités disparaîtront nécessairement, car le fonctionnement de l'économie a de moins en moins besoin d'une assise géographique. La généralisation de la connexion à domicile, la multiplication des smartphones, l'inventivité des applications et la promesse des objets connectés dessinent la possibilité de l'ubiquité. Nul besoin de se rendre au guichet de la banque pour consulter son compte, d'aller au supermarché pour s'approvisionner en packs d'eau ou de lait, de passer à la librairie pour acheter un livre, de se rendre à la poste pour envoyer un document ou un message. Ce ne sont plus les gens qui bougent, mais les marchandises.

La fin du territoire

La conjoncture s'aggrave d'année en année. « Nous vivons, en France, depuis 2015, une décennie qui sera fatale aux villes moyennes », prophétise le consultant en stratégie Franck Gintrand, fondateur de Global Conseil corporate, qui a écrit plusieurs articles sur le sujet. En fait, c'est tout le territoire qui subit, décennie après décennie, cette métamorphose : les petites villes, les quartiers mal desservis, les territoires ruraux où l'industrie se décline au passé, les bourgs de banlieue et même la périphérie des grandes métropoles. Dans certains hameaux, l'affaire est entendue : les maisons n'y sont même plus à vendre et tombent en ruine. Dans les petits villages, presque tout le monde a oublié l'époque, pourtant pas si lointaine, où se tenaient quelques commerces, une boulangerie, un bistrot. En pratique, ce n'est plus vraiment une question de taille de la ville, mais de masse critique. Toutes les zones d'habitat sont en péril, et seules celles qui conservent une certaine densité parviennent à résister.

La campagne elle-même ne ressemble plus à la campagne. Des champs de maïs ou de blé recouvrent le territoire. Le bocage disparaît, les fleurs aussi, et les abeilles sont en train de capituler.

Les sentiers, ces anciens cheminements piétons qui permettaient d'aller d'un village à un autre, sont clôturés, laissés à l'abandon, voire goudronnés et transformés en « parcours de santé » dûment balisés. Les fermes n'en seront bientôt plus ; on fabrique maintenant des usines, où paissent mille vaches.

En Europe et aux États-Unis

La dévitalisation des villes n'est, bien sûr, pas seulement un phénomène hexagonal. On trouve des vitrines vides, syndrome par excellence du déclin urbain, dans de nombreuses villes du continent européen, ainsi qu'en Amérique du Nord. Le pays où la situation est la plus similaire à celle qui prévaut en France est la Belgique. Ou plus précisément, la partie francophone du pays. En Wallonie, Charleroi, Mons, Verviers ou La Louvière, dans une moindre mesure Liège ou Namur, connaissent une évidente déprise commerciale. Dans toute la région, comme en France, les zones périphériques consacrées au commerce, aux services ou à la logistique ont aspiré l'activité et les déplacements. L'agglomération de Bruxelles présente une forme urbaine qui rappelle moins les capitales européennes que les *shrinking cities* américaines ou… les villes moyennes françaises. Au centre de la métropole belge, on trouve de vastes quartiers pauvres, à Bruxelles proprement dite, ou dans les communes voisines de Schaerbeek ou Molenbeek-Saint-Jean. La périphérie de la région Bruxelles-Capitale, à l'est comme au sud, abrite en revanche une population plus riche, et cette caractéristique se poursuit en Flandre voisine, au-delà des limites de la région. La Flandre est d'ailleurs relativement épargnée par la crise urbaine, à l'image des Pays-Bas, observe la géographe Bernadette Mérenne-Schoumaker, qui a fondé, en 1985, le Segefa, un laboratoire spécialisé dans la localisation des activités économiques.

En Wallonie, le phénomène est assez grave pour susciter l'intérêt des spécialistes du commerce, ainsi que des partis politiques. Le Cepess, le centre d'études du Centre démocrate humaniste (CDH), le parti politique démocrate-chrétien francophone, a ainsi organisé en février 2016 un colloque intitulé « Donnons un avenir à nos centres-villes », à Gembloux, dans la province de Namur. Benoît Dispa, bourgmestre de cette agglomération de 24 000 habitants, dont 10 000 dans le centre urbain, retrace les efforts menés par la municipalité pour contrer la dévitalisation : « Nous avons mis en place une commission communale consultative en charge du commerce, fait appel à un bureau spécialisé en management des centres-villes, amené les propriétaires des pas de porte à réduire leurs loyers, enclenché une revitalisation urbaine, densifié l'offre de parkings. Et pourtant, nous devons faire le constat que la ville fait face à un déclin inexorable. »

D'autres régions d'Europe subissent la même conjoncture maussade. Les villes de l'ancienne Allemagne de l'Est, telles Hoyerswerda, Görlitz ou Chemnitz, connaissent une forte décroissance démographique. Le nord de l'Angleterre se remet tant bien que mal de la longue crise industrielle. Mais une grave crise urbaine touche aussi bien Wolverhampton (Midlands), que Margate (Kent) ou Croydon (en banlieue de Londres). Dans *Ville affamée*, l'architecte Carolyn Steel décrit les bourgades anglaises dévastées par la concurrence acharnée de la grande distribution. En 2011, le gouvernement du Premier ministre David Cameron s'inquiète du doublement en deux ans du taux de vacance commerciale dans les centres-villes et charge la chroniqueuse Mary Portas, qui anime une émission de télévision appelée « Mary Queen of Shops », de se pencher sur le sujet. Ses 28 recommandations visent à faire des centres-villes des lieux de socialisation, d'apprentissage et d'achat, tout en interdisant la création du développement commercial périphérique. En 2014, elle publie un rapport remarqué intitulé *Why Our high Streets Still Matter*, que l'on pourrait traduire par « Le centre-ville, ça compte ! ».

En Italie ou en Autriche, la plupart des villes demeurent prospères, même si la prolifération des centres commerciaux périphériques constitue partout une menace.

Le sort réservé aux villes dans les différents pays d'Europe s'explique aussi par l'histoire. La France demeurait, jusqu'au début du XXe siècle, un grand pays rural, alors que l'Italie ou l'Allemagne

disposaient déjà de nombreuses villes d'importance. On peut presque émettre l'hypothèse que, si la France laisse mourir ses villes, c'est que l'on ne leur a jamais laissé une place importante dans l'imaginaire national. Une curiosité terminologique symbolise ce manque d'intérêt. Dans le jargon technocratique français, l'expression « politique de la ville » ne désigne pas les stratégies en matière d'urbanisme mais la seule politique de développement des banlieues défavorisées. Un glissement sémantique qui en dit long.
De même en Amérique du Nord, où les cités historiques, peu nombreuses, ne jouissent pas du même capital symbolique qu'en Europe. Beaucoup d'entre elles sont réduites, comme Salisbury (Maryland), à l'état de villes-musées : quelques rues bordées de maisons en brique et une église du XIXe siècle. L'industrialisation puis la désindustrialisation du continent ont également façonné des *shrinking cities*, dont Detroit, ancienne capitale de l'industrie automobile, est devenue le symbole. Mais ce n'est pas un cas isolé. Pittsburgh (Pennsylvanie), Dayton (Ohio), Flint (Michigan), Syracuse (New York) ou Birmingham (Alabama) ont subi le même sort. Même les villes les plus prospères ne sont pas épargnées. Ainsi, dans les quartiers recherchés de New York, les petits commerçants endettés doivent céder la place à des enseignes détenues par des grands groupes, et dont les assises financières sont plus solides.

CHAPITRE 3

Les sept plaies des villes moyennes

« Les rues se sont éteintes comme des lampes », peut-on lire sur « Vierzonitude », un blog qui décrit avec acrimonie la désaffection du centre-ville de Vierzon et l'extension des zones commerciales. La sous-préfecture du Cher est devenue « un mouroir commercial », y compris le long de la nationale 20, « la route d'Espagne », autrefois hyper fréquentée. La ville moyenne s'étiole, décline, se paupérise. C'est l'impression que ressent le flâneur, à Vierzon comme ailleurs. Mais ce n'est pas seulement une impression. Les chiffres et les données sont implacables.

L'agonie du petit commerce

C'est le symptôme le plus flagrant de la crise urbaine : les vitrines vides et sombres, les façades aveugles, les stores métalliques baissés. En 2016, le photographe Thibaut Derien a publié un recueil de clichés pris dans de nombreuses villes françaises et intitulé *J'habite une ville fantôme*. La plupart des centres urbains sont touchés, à des degrés divers. La presse régionale est coutumière de ces articles consacrés au « dernier poissonnier de Montauban » ou à la rue Lafayette de Landerneau (Finistère), devenue, selon l'écrivain Hervé Bellec, « la rue Lafaillite ».

La douleur du petit commerce est mesurée méthodiquement par Procos, la fédération pour l'urbanisme et le développement du commerce spécialisé, qui rassemble 260 enseignes, d'André à Zara en passant par Flunch, Krys et McDonald's. Chaque année, au mois de juin, Procos publie pour les 300 plus grandes villes françaises le taux de vacance commerciale, la proportion de locaux inoccupés à un moment donné. Depuis le début des années 2000, cette variable progresse d'année en année, tandis que la durée entre deux baux ne cesse de s'allonger. En 2015, le taux de vacance dans les centres des 300 villes étudiées atteignait 9,5 %, soit un point de plus qu'en 2014, 1,7 point de plus qu'en 2013 et 2,3 points de plus qu'en 2012. Non seulement la conjoncture se dégrade, mais la tendance s'accélère. Les villes petites et moyennes sont les plus touchées : en 2015, le taux de vacance ne dépasse pas 6,3 % pour les agglomérations de plus de 500 000 habitants (moins de 5 % à Nantes, Strasbourg, Lyon ou Toulouse), mais atteint 11,1 % dans les villes de moins de 50 000 habitants, et même 11,3 % dans celles qui comprennent entre 50 000 et 100 000 habitants. Et l'écart entre les grandes et les petites villes ne cesse de croître. Pascal Madry, directeur de Procos, tire la sonnette d'alarme. « Nous fixons le seuil d'alerte à 10 %. Or, ce niveau est dépassé dans une centaine de villes sur 300 », constate-t-il. Le phénomène touche désormais les surfaces commerciales périphériques. La vacance atteignait, en 2014, 7,6 % des galeries des centres commerciaux et parcs d'activités commerciales, contre 4,3 % en 2001. Dans le jargon de la grande distribution, les galeries jouxtent un centre commercial, en général dans le même bâtiment, tandis qu'un parc d'activité comporte plusieurs magasins de moyenne surface, souvent des bâtiments de plain-pied en tôle ondulée qu'en langage courant on appelle « zone commerciale ».

La méthode de Procos, qui permet de connaître la vacance commerciale à la décimale près, est logique, précise, systématique. Chaque année, entre les mois de mai et septembre, mais en évitant le mois d'août, des chargés de mission de la structure parcourent les villes et dénombrent les boutiques vides. Ce procédé, bien construit, comporte toutefois quelques biais. Tout d'abord, le constat se limite à l'hyper centre, ces quelques rues proches de la mairie ou de la place principale, « où nos adhérents sont susceptibles de s'installer », dit Pascal Madry. Les adhérents de Procos, de célèbres marques soucieuses de leur réputation, se montrent en effet très exigeants en termes de localisation. Ce choix explique pourquoi certaines villes, prospères sur le papier, présentent un paysage urbain sinistré. C'est le cas de Saint-Étienne : la vacance y était officiellement de 7 % en 2014, mais le comptage ne prend pas en compte les dizaines de rues, pourtant assez centrales, dévastées par la déprise commerciale. De fait, les enseignes ne veulent déjà plus s'y installer. Enfin, Procos ne répertorie pas non plus la vitalité des commerces de quartier, ces boulangeries, boucheries, cafés, petits restaurants, épiceries ou quincailleries qui animent un simple carrefour ou une cité et lui donnent parfois une vigueur de village.

Les trois exceptions

Outre les métropoles, trois catégories de villes échappent au déclin urbain observé par Procos. Dans les cités touristiques, à l'exemple de Saint-Jean-de-Luz (Pyrénées-Atlantiques), Les Sables d'Olonne (Vendée), voire Aix-en-Provence (Bouches-du-Rhône), la saison estivale et les week-ends suffisent à entretenir un tissu commercial assez complet, à tout le moins dans le centre-ville. En Île-de-France, les communes de proche banlieue résistent bien, protégées par la clientèle captive qui descend tous les soirs du RER. On remarque toutefois une désaffection commerciale en Seine-Saint-Denis, dans le nord ou le sud des Hauts-de-Seine, ainsi que dans certains quartiers populaires de Paris, les territoires les plus fragmentés par les coupures urbaines – autoroutes, voies ferrées, surfaces commerciales et diverses infrastructures. Par ailleurs, d'autres localités franciliennes plus lointaines, comme Melun, Montereau (Seine-et-Marne), Dourdan (Essonne) ou Rambouillet (Yvelines), connaissent une désaffection similaire à celle des villes de province.

Enfin, la crise touche moins les petites villes et bourgades isolées de moyenne montagne. À Tende (Alpes-Maritimes), Dunières (Haute-Loire), Saint-Céré (Lot), Annot (Alpes-de-Haute-Provence), Le Châtelard (Savoie), voire à Beauraing ou Bastogne, dans les Ardennes belges, la concurrence des centres commerciaux périphériques demeure limitée et les voies de communication, moins praticables, ne permettent pas un aller-retour incessant avec les villes voisines et leurs zones commerciales.

Déserts alimentaires

L'avenue Saint-Ruf fut la grande artère commerçante d'Avignon « extra-muros » dans les années 1960 à 1980. Au milieu de quelques boutiques condamnées, on discerne aujourd'hui des services dont personne n'a vraiment besoin tous les jours : agence immobilière, mutuelle, achat d'or, école de conduite, vente d'alarmes, pompes funèbres. La partie la plus animée de l'avenue propose tout au plus une ou deux épiceries ou boulangeries, quelques rares cafés-tabacs, des taxiphones, des coiffeurs, mais surtout des banques et des pizzas rapidement préparées. Le commerce de bouche est en danger. « Il n'y a plus une seule poissonnerie ni une fromagerie dans tout Avignon », s'inquiète un habitant.

Et ce n'est pas une exception. En novembre 2015, le *Berry républicain* s'alarme d'une vague de fermetures de boulangeries dans le département du Cher. À Bourges ou à Vierzon, mais aussi dans des bourgades de 700 habitants, dès lors privées de pain quotidien. Chaque année, calcule le journal, 5 à 6 boulangeries éteignent leur four dans le département. Un sort similaire à celui des bars-tabacs, qui ont disparu des villages dans les années 1950.

Parallèlement aux déserts médicaux qui émeuvent périodiquement les médias, on voit ainsi émerger, en France, des « déserts alimentaires ». Aux États-Unis ou au Royaume-Uni, on appelle « *food deserts* » les territoires dans lesquels une partie de la population ne peut se procurer de la nourriture de qualité à un prix raisonnable, en particulier des fruits et légumes, dans un périmètre parcourable à pied. Un document publié par le gouvernement britannique en 1995 a, le premier, relevé le phénomène. Depuis, celui-ci s'est répandu et prend des proportions massives dans les quartiers populaires du nord de l'Angleterre ou dans le « Vieux Sud » des États-Unis. Dans de nombreux comtés ruraux, on dénombre même davantage de marchands d'armes que d'épiceries ! Les ménages pauvres, non motorisés, doivent se ravitailler dans les stations-services ou les bureaux de tabac. Où ils trouvent le plus souvent des produits industriels, gras, salés ou sucrés selon les goûts dominants. Les conséquences, tant en matière d'aménagement du territoire que de santé publique, sont dramatiques.

L'habitat se nécrose

Les panneaux « à louer » ou « à vendre » accrochés aux fenêtres des façades laissent planer un doute : la crise du logement concerne-t-elle vraiment les sous-préfectures ? Tous les gouvernements font pourtant de cette fameuse crise leur priorité, à coup de « plan d'urgence » ou de « mesures immédiates ». La France aurait besoin de 500 000 logements neufs par an pendant dix ans, répète-t-on depuis les années 1990. La demande serait dopée par la vitalité démographique, l'allongement de la durée de la vie et l'accroissement du nombre de divorces, ainsi que le nombre élevé de « mal-logés ».

Et pourtant, dans les villes moyennes, où vit plus d'un quart de la population, de nombreux logements sont vacants. Une carte interactive et détaillée mise en ligne par la société DataFrance à partir des données de l'Insee – map.datafrance.info – permet de visualiser cette contradiction. La part des logements vacants, évaluée à 7,56 % pour l'ensemble du pays en 2012, dépasse les 10 % dans les départements de la « diagonale du vide », cette bande faiblement peuplée qui court de la Meuse aux Landes en passant par le Massif central, et baptisée ainsi par des géographes.

Mais si on zoome à une échelle plus fine, ce que permet l'outil de DataFrance, il apparaît que les villes moyennes présentent un taux de logements vacants dépassant nettement les 10 % : 12 % à Fontenay-le-Comte, 13 % à Fougères, 14 % à Digne-les-Bains, 15 % à Agen, 16 % à Tarbes, 17 % à Béziers et même 21 % à Vichy. Dans ces villes, la vacance locative atteint souvent le double de celle des communes périphériques. En outre, le taux de logements vides progresse chaque année et a gagné 1,2 point entre 2006 et 2012. Et ce, en dépit de l'extension progressive de la taxe sur les logements vides, instituée en 1998 dans huit agglomérations.

Ces statistiques montrent que les « zones tendues », ainsi qu'il est convenu d'appeler les territoires manquant de logements, sont circonscrites à quelques régions bien précises. Paris et sa proche banlieue en font partie, mais pas l'Île-de-France dans son ensemble. Ainsi, dans la ville prospère de Fontainebleau (Seine-et-Marne), à l'orée de la célèbre forêt, 15 % des logements sont vacants. Dans cette localité, il faut se rendre à l'évidence : les riches propriétaires n'ont pas besoin de louer leur bien pour vivre correctement.

À l'échelle du pays, ce sont 2,64 millions de logements qui ne trouvaient pas preneur en 2014. Le parc de logements sociaux est particulièrement concerné. « L'excès de constructions, dans les années 2000 », le « déficit démographique dans les territoires en décroissance économique » ou « l'inadéquation entre l'offre et la demande » expliquent le phénomène, indiquait *La Gazette des communes* en mars 2016.

Le processus est partout similaire. Les habitations situées au-dessus des boutiques, sans entrée indépendante, trouvent difficilement preneur. Dans le centre historique, le parc privé ne répond plus à la demande des familles ni des étudiants. Les grands appartements et les petits meublés manquent. Les immeubles anciens, mal entretenus, se dégradent. Les appartements sont de guingois, insuffisamment éclairés, voire rongés par le mérule, ce champignon glouton qui se nourrit de bois humide.

Les propriétaires, de simples particuliers, rechignent à investir, car cela impliquerait d'abattre une vitrine ou de poser un escalier. La rénovation semble compliquée, implique de s'adresser à plusieurs administrations tatillonnes, soucieuses de la protection du patrimoine ou de la performance énergétique. La création d'une terrasse ou d'un balcon, tout comme l'agrandissement des ouvertures, est parfois interdite en raison de la proximité d'un monument protégé. Poser du double vitrage en PVC sur une façade classée relève du sacrilège.

Bientôt, les propriétaires refusent de louer à des impétrants potentiellement insolvables, attendent des jours meilleurs qui n'arrivent jamais. Leurs héritiers ne parviennent pas à se mettre d'accord. Un membre de la fratrie refuse de vendre parce que, croit-il savoir, « la pierre est le meilleur des placements ». Las, dans une ville déclinante, la pierre est souvent le pire des placements. Certains logements finissent par être classés dans la catégorie infamante de l'habitat insalubre. Des portes sont murées. Parfois, des immeubles s'effondrent. Lorsque les propriétaires acculés se décident enfin à louer, il est trop tard : les voici qualifiés de « marchands de sommeil ». À Roubaix (Nord), le maire a annoncé la vente, en 2015, de maisons délaissées au prix d'1 euro, les travaux de rénovation restant à la charge des propriétaires. L'initiative copie une mesure prise à Liverpool et à Stoke-on-Trent, au centre de l'Angleterre, en 2013.

Et pendant ce temps, les promoteurs immobiliers tentent d'attirer dans les petites villes de potentiels investisseurs en proposant des programmes locatifs aidés, dûment labellisés par les noms des ministres du Logement successifs – Robien, Duflot, Pinel, etc. Espérant réduire le montant de leur impôt, des ménages aux revenus moyens achètent un studio d'étudiant dans une ville sans université, située à 800 kilomètres de chez eux et où ils n'ont jamais mis les pieds. En 2016, plusieurs copropriétaires d'une résidence située à Beaupréau (Maine-et-Loire), ruinés par l'impossibilité de louer leur bien, ont attaqué en justice le promoteur Akerys pour tromperie.

Tout ceci précipite, dans les localités concernées, et bien au-delà du seul centre-ville, la chute des prix de l'immobilier. Les immeubles en bon état subissent eux aussi ces circonstances délétères. On divise alors en plusieurs appartements d'anciennes maisons de maître qui s'affichaient fièrement sur quelque avenue arborée.

Le cercle vicieux est en marche, renforçant l'appétence des ménages qui en ont les moyens financiers et matériels pour une vie tranquille dans un pavillon de la proche périphérie. Les quartiers centraux jouent comme un aimant répulsif. Et on constate cette absurdité : les habitations urbaines se vendent mal, alors que les communes périphériques croulent sous la demande.

Les riches s'en vont

Fin 2014, à un moment où les statisticiens, conjoncturistes et gouvernants se réjouissaient, comme cela arrive périodiquement, d'un timide et éphémère retour de la croissance économique, l'Insee publie un « portrait social » passablement déprimant. Dans ce document de 300 pages, à rebours de l'optimisme officiel, l'institut confirme l'impact de la crise économique sur le pays, notamment pour les catégories qui souffraient déjà le plus, « les jeunes, les sans diplôme, les ouvriers et les employés, les parents isolés et les habitants des zones sensibles ».

En outre, la répartition spatiale des revenus fiscaux, qui incluent à la fois les salaires et les rémunérations du capital, souligne le décalage entre les territoires. Certaines régions, à commencer par l'Île-de-France, sont plus riches que d'autres. La prospérité sourit également aux régions frontalières de la Suisse, de l'Allemagne et du Luxembourg, ainsi qu'à des zones viticoles triées sur le volet – Champagne, Bordelais ou Bourgogne. Les régions les plus déshéritées sont rurales, en particulier dans le sud et le centre du pays, ou post-industrielles, comme dans les Hauts-de-France.

Jusque-là, la carte de l'Insee ne révèle rien que l'on ne connaisse déjà. Mais une échelle plus fine permet de distinguer les centres des villes, quelle que soit leur taille, et leurs périphéries. Ainsi, les centres urbains n'apparaissent pas si riches, sauf dans les métropoles les plus peuplées. Les banlieues immédiates affichent des revenus élevés, mais à mesure qu'on s'éloigne de la ville, la moyenne baisse. Ainsi la carte des revenus est-elle constellée de taches sombres (les agglomérations) dont le cœur est plus clair (les centres-villes). Le phénomène est nettement identifiable à Châteauroux, Saint-Quentin, Périgueux ou encore Lons-le-Saunier, une liste non exhaustive.

Dans un autre document portant uniquement sur le Nord-Pas-de-Calais et également publié en 2014, l'Insee explique que « les revenus sont globalement plus élevés au sein des grandes aires urbaines que dans le reste du territoire, en particulier la périphérie des grands pôles urbains ». Par ailleurs, « c'est au sein des villes-centres que les revenus atteignent les niveaux les plus faibles ; les évolutions y sont également les moins favorables et les disparités sociales les plus marquées ».

D'autres documents confirment cette évolution. Marie-Pierre de Bellefon, statisticienne à l'Insee, s'est penchée, dans une rigoureuse étude, sur l'évolution des prix de l'immobilier à mesure que l'on s'éloigne du centre d'une ville. Cela se vérifie certes à Paris, où le prix du mètre carré habitable descend assez régulièrement lorsqu'on s'éloigne du quartier des Invalides, épicentre immobilier de la métropole francilienne, mais aussi à Lyon.

En revanche, à Clermont-Ferrand, « le niveau minimal des prix est situé à proximité du centre historique », tandis que la maximale se niche dans les contreforts du Massif central. La chercheuse observe que, dans la ville auvergnate, « il reste assez facile d'accéder aux centres d'emploi, même en vivant un peu plus loin du cœur historique ». Selon elle, cette logique prévaut aussi à Montpellier, où « les cadres jugent les rues du centre-ville trop animées, et préfèrent habiter plus loin ».

Partout, la banlieue proche semble avoir aspiré les ménages les plus aisés. Bientôt, on ne crée plus des emplois qu'en périphérie, dans des zones industrielles « innovantes » et « durables ».

À l'inverse, les communes centrales perçoivent moins de recettes fiscales, tout en contribuant davantage que les autres aux infrastructures et aux services qui bénéficient à l'ensemble de l'agglomération.

Vapotage et tatouage

Dans les rues passantes apparaissent des commerces que l'on devine éphémères, quelques mois et puis s'en vont, lancés pour suivre la mode ou faire un coup, grâce à un bail abordable et à un prêt bancaire à taux zéro. Il y eut, à une époque déjà ancienne, les cybercafés. Vers le début des années 2010, il était soudainement devenu tendance de se faire blanchir les dents à l'aide d'un gel et d'une lumière bleutée. Des « bars à sourire » ont éclos un peu partout, à la grande fureur des corporations de dentistes. Puis ce fut la mode du vapotage, qui vise d'ailleurs la même clientèle des fumeurs invétérés. Les fast-foods, halal ou non, ont remplacé les épiceries. Les bijoux fantaisie côtoient la nutrition sportive, les tatoueurs ou les consultants multitâches. Parfois, sans aucune chance de succès. « Les jeunes primo-investisseurs qui lancent ces activités n'ont pas toujours intégré les règles de base du commerce en matière d'horaires, d'accueil ou de cibles », observe Julien Bertrand, urbaniste chez Citadia Conseil. « Les centres-villes apparaissent comme le lieu de la nouvelle chance », résume-t-il.

Ainsi, le commerce urbain n'est pas seulement en déliquescence ; il a changé de substance. Au fond, on ne trouve plus, en ville, que le superflu. À l'inverse, il est devenu difficile de se procurer certains articles et services à proximité de chez soi : l'électroménager, la quincaillerie, le papier peint ou la peinture, etc. Avant de se lancer dans une journée de bricolage, on ne peut s'épargner, au préalable, un tour à la zone commerciale.

Peu à peu, le territoire urbain se spécialise. Dans les rues piétonnes, les franchisés, dont une importante proportion dans l'habillement, tiennent le haut du pavé. Aux alentours, on trouve encore quelques commerces, traditionnels ou élégants, mais aussi des agents immobiliers, des banques, des établissements de restauration rapide. Dans les quartiers anciens, les commerces ont presque disparu, à l'exception d'une boulangerie devant laquelle s'étale un parking « réservé aux clients ». Au-delà domine un assemblage désordonné d'entrepôts et de lotissements. Chaque quartier a sa fonction. Désormais, le paysage urbain s'apparente aux diverses « zones », d'activité, d'aménagement, commerciales ou logistiques, qui parsèment la périphérie. C'est, au fond, la logique du zonage qui était déjà celle des aménageurs de la ville au XXe siècle.

Si le démantèlement affecte le cœur historique, il se ressent plus encore dans ces quartiers lotis entre la fin du XIXe siècle et les années 1950, qui constituent la ville mais plus son centre, et pas encore la banlieue. Ces secteurs, curieusement, n'ont pas de nom. On les appelle tantôt faubourgs, tantôt quartiers anciens. Il s'agit de rues résidentielles bordées d'immeubles et de maisons mitoyennes, d'anciens villages intégrés au bâti, de petits immeubles sociaux. Or, ces quartiers souffrent particulièrement de la concurrence avec les centres commerciaux. Des voitures y sont garées sur les trottoirs. L'ambiance sonore y est dominée par le bruit de la circulation. Les « coupures urbaines », voies routières et ferrées, mais aussi les clôtures des copropriétés, strient l'espace urbain. Lorsqu'on est à pied, on ne va pas bien loin. Le quartier ne présente ni les avantages de la ville, proximité et convivialité, ni ceux du lotissement périurbain, calme et espace.

Le phénomène des vitrines vides focalise l'intérêt des observateurs sur le centre-ville et ses commerces. En revanche, on s'intéresse rarement aux quartiers anciens. Et pourtant, c'est là, au moins autant que dans les rues commerçantes, que se joue le sort de la ville.

« Chez eux » et « chez nous »

Cette organisation de l'espace modifie la vie des habitants, leurs mouvements et les rapports qu'ils entretiennent les uns avec les autres. L'éclatement de la société, que l'on observe également à travers la montée de l'extrême-droite ou la « radicalisation » djihadiste, contient une dimension territoriale. Les « résidences fermées » se multiplient. À Marseille et dans sa région, ou encore à Toulouse, des rues sont privatisées au profit des riverains. La « résidentialisation » des logements sociaux, c'est-à-dire la pose de clôtures autour des immeubles, rassure les habitants, mais les enferme dans un territoire défini. Cette pratique conforte la notion de territoire clos. Partout se constituent des comités de « vigilance citoyenne » et des associations de « voisins vigilants » dont la principale fonction consiste à signaler toute personne qui serait étrangère au quartier.

Parallèlement, le centre et ses alentours, desservis par les transports publics, deviennent un refuge pour les ménages non motorisés : des salariés précaires ou à temps partiel subi, personnes « éloignées du monde du travail », comme on dit pudiquement dans les couloirs des administrations. Ces ménages n'ont pas, pour des raisons diverses, le droit, la possibilité ou le devoir de travailler ; ils sont sans diplôme, invalides, demandeurs d'asile, titulaires des minima sociaux ou retraités pauvres. En renonçant à la possession d'un véhicule, les familles pauvres, ou les immigrés qui économisent pour envoyer de l'argent au pays, évitent des dépenses considérables. Ils trouvent, à portée de marche, des magasins, des administrations, la gare, des bus, parfois des petits boulots. Certains font la manche, d'autres errent sur la voie publique avec de gros chiens.

Les sans domicile fixe sont de plus en plus considérés comme indésirables. Les arrêtés anti-mendicité sont devenus monnaie courante. Quelques municipalités vont plus loin encore. Le 24 décembre 2014, le maire d'Angoulême faisait entourer de grillage des bancs attenant à la verrière d'une galerie commerçante, en plein centre-ville. Cette initiative, prise en concertation avec les commerçants, consistait à empêcher les marginaux de s'installer sur ces bancs. La veille de Noël, cette décision provoquait un tollé.

Le centre-ville apparaît bientôt comme un quartier à part. La proportion de population d'origine étrangère y est plus importante qu'ailleurs. Progressivement, même si la ville n'a changé que marginalement, apparaît dans les esprits une distinction entre les territoires. « Le centre-ville, c'est le quartier des djellabas », a-t-on pu entendre dans une ville du Sud. « Il paraît qu'à Mulhouse, il n'y a plus un seul Blanc dans le centre-ville », croit savoir un habitant d'une bourgade située à 30 kilomètres de la ville, qui… admet ne jamais se rendre dans le centre de Mulhouse.

Ce terrain est favorable à toutes les rumeurs. Depuis le début des années 2010 se répand ce que l'on a par la suite appelé « la rumeur du 9-3 ». « Des Noirs, il y en a de plus en plus. Il faut bien qu'ils viennent de quelque part ! » a-t-on entendu, à peu près dans les mêmes termes, à Vitry-le-François, Châlons-en-Champagne, Niort, Nevers, Saint-Quentin, Guéret. Dans ces villes, toutes touchées par la dévitalisation commerciale et la paupérisation, le maire organiserait l'installation, contre rémunération ou divers avantages en nature, de populations d'origine étrangère habitant auparavant dans la région parisienne, que chacun sait surpeuplée. Il en résulterait, comme il se doit, une augmentation de la délinquance et une dénaturation de ce qui était jusque-là « une petite ville de province sympa ». Certains maires ont porté plainte, en vain, puisque le murmure circule toujours, nourrissant les fantasmes d'« invasion », voire de « grand remplacement » (de la population européenne par une population extra-européenne) qu'aime agiter l'extrême-droite.

Tout ceci contribue à développer une opposition artificielle, y compris dans les petites villes, entre les quartiers qui seraient « à nous » et ceux où vivraient « les autres ». Tout en favorisant l'antagonisme entre les habitants « de souche », seuls à se prévaloir de l'identité locale, et les autres, ces « étrangers », qui « ne sont pas d'ici ». Cette catégorie honnie recouvre d'ailleurs aussi bien les familles d'origine immigrée, les réfugiés du Proche-Orient ou les « bobos », présentés comme déconnectés des réalités locales.

Parallèlement, apparaît une conception territoriale du débat public sur le mode : « Je suis d'ici, moi, pas toi », ou « ici, ça n'est pas comme chez toi, tu ne peux pas comprendre ». Il est devenu commun, en France, de caractériser les gens par leur origine : les Anglais qu'on n'aime pas mais qui retapent les maisons et font renaître des épiceries, ou, dans certaines zones rurales, ces Néerlandais « qui achètent tout » (sous-entendu, l'immobilier) mais « n'achètent rien » (sous-entendu, ils remplissent leur voiture de nourriture achetée aux Pays-Bas). Tout le monde se renvoie anathèmes et caricatures, « bobos parisiens » (ou lyonnais) présumés contre « beaufs de province » forcément attardés, « ville de fous » contre « bourgade endormie ».

Les commerces meurent, le FN monte

L'Ifop a observé la corrélation entre la présence de commerces et de services dans un village et le succès électoral du FN. Aux élections européennes de juin 2014, le FN arrive en tête avec 24,9 % des voix en France. Le parti d'extrême-droite atteint en moyenne 30,8 % des voix dans les communes de moins de 500 habitants dans lesquelles on ne trouve ni commerce ni service, mais « seulement » 23,5 % dans les communes disposant de 6 activités ou plus. On retrouve la même corrélation dans les communes de 500 à 1 000 habitants, avec un score du FN atteignant 31,8 % lorsque la commune n'est pas équipée et 25,6 % lorsqu'on trouve 8 ou 9 entités. « Le vote frontiste décline linéairement en fonction du nombre de commerces et de services présents », souligne l'Ifop, qui précise : « Moins il y a de commerces ou de services, et *a fortiori* s'il n'y en a aucun, et plus le sentiment d'abandon, de déclin et d'isolement sera puissant, avec comme corollaire un vote FN "dopé". » L'Ifop a même calculé quels types de commerce avaient le plus d'influence sur le comportement des électeurs. Le bureau de poste fait tomber le vote FN de 3,4 points, quand l'épicerie le fait reculer de 2,5 et le café de 2,1. La boulangerie, en revanche, ne fait baisser le FN que d'un point.

Très chers transports publics

Dans les petites et moyennes agglomérations, les trajets en voiture individuelle sont largement majoritaires, ce qui n'est guère étonnant, compte tenu de l'aménagement purement routier de ces cinquante dernières années.

Mais ce n'est pas l'unique moyen de déplacement. Contrairement à ce que l'on entend souvent, non, « tout le monde » ne possède pas de voiture. Le taux d'équipement automobile moyen atteignait, en France, en 2012, 80,7 %, ce qui signifie, en toute logique, que 19,3 % des foyers – et une proportion bien plus importante d'individus – s'en passaient. La disparité est très forte en fonction des territoires, comme le montre la carte de DataFrance qui se fonde sur les recensements effectués par l'Insee. Ainsi, les ménages des grandes villes et de leurs proches banlieues sont beaucoup moins motorisés que la moyenne : 35 % de foyers sans voiture à Nice et à Bordeaux, 37 % à Nancy et à Strasbourg, 42 % à Lille et 62 % à Paris.

Mais la démotorisation n'est pas l'apanage des métropoles. La moindre ville présente un taux d'équipement inférieur à celui des communes qui l'entourent : 25 % de foyers sans voiture à Dunkerque et à Chambéry, 28 % à Périgueux, 30 % à Vitry-le-François, 31 % à Béthune et à Saint-Étienne, etc. Sur la carte, on reconnaît les localités urbaines, même les plus petites, à leur couleur claire, tandis que leur environnement immédiat est bien plus foncé : les ménages qui vivent à proximité de la ville tout en dépendant fortement des emplois et services offerts par ladite ville.

Enfin, le taux d'équipement, s'il a encore augmenté à l'échelle du pays entre 2006 et 2012, passant de 80,2 % à 80,7 %, baisse dans le même temps dans les villes, quelle que soit leur taille.

Malgré cette motorisation limitée, les bus urbains, paradoxalement, demeurent souvent vides. Si la plupart des agglomérations de plus de 15 000 habitants disposent d'un service de transport conçu pour desservir l'hypercentre, la gare, l'hôpital et les zones commerciales, il n'est pas à la hauteur des attentes des citadins.

Les transports publics, bus, tramway, train ou vélo en libre-service, n'ont jamais été un secteur rentable. Financés par les deniers publics, les employeurs et les voyageurs, ils coûtent très cher. Dans les petites villes, la situation est pire qu'ailleurs.

Selon l'Union des transports publics (UTP), l'organisation professionnelle du secteur, la fréquentation moyenne d'un réseau de moins de 100 000 habitants est quatre fois inférieure à celle des agglomérations de plus de 250 000 habitants. Dès lors, la recette par kilomètre y est particulièrement faible, et la collectivité dépense énormément d'argent pour subventionner chaque voyage effectué.

Ainsi, à Lyon, 1,4 million d'habitants utilisent les transports publics, chacun d'entre eux effectuant en moyenne chaque année 328 voyages. Pour chaque billet acheté, la collectivité dépense 84 centimes et le taux de couverture des dépenses par les recettes atteint 52 %. À La Roche-sur-Yon, le réseau est emprunté par 97 000 habitants, qui effectuent chacun 26 voyages par an. La collectivité dépense pour chaque billet 3,40 euros, et le taux de couverture ne dépasse pas 18 %. Ceci présente tout de même un avantage : les bus sont rapides. En effet, les embouteillages sont rares et les voyageurs aussi, ce qui permet aux chauffeurs de ne pas marquer tous les arrêts.

Mais la situation se détériore chaque année davantage. Dans les réseaux de moins de 100 000 habitants, « tous les voyants sont au rouge. L'offre baisse, la fréquentation diminue et les recettes aussi », résume-t-on à l'UTP. Pour Éric Chareyron, directeur de la prospective de Keolis, les difficultés se sont récemment aggravées avec l'évolution de la carte intercommunale. « Le périmètre des agglomérations est de plus en plus étendu. Certaines d'entre elles, comme Blois, Saint-Lô ou Châlons-en-Champagne, affichent des superficies encore plus grandes que Bordeaux, Lille ou Rennes », constate-t-il. Or, chaque maire souhaite que sa commune soit desservie au moins par une ligne de bus, « car les transports font partie des symboles forts d'appartenance à une agglomération ».

Des symboles forts, donc, mais des bus vides… À la décharge des usagers, utiliser le réseau n'est pas toujours aisé. Il serait certes exagéré de dire qu'« il faut avoir fait Polytechnique » pour comprendre un horaire de bus. Mais les lignes régulières décrivent parfois une boucle, ou sont divisées en deux branches, en bout de parcours. Reconnaissables tantôt par un chiffre, une lettre ou un autre signe, elles fonctionnent pour certaines toute la journée, ou seulement le matin et le soir. Les horaires fluctuent selon les jours, semaine, samedi ou dimanche, la fréquence varie fortement d'une ligne à l'autre et rares sont les bus qui roulent après 20 heures. Même le service des « bus de nuit » se termine à 22 h 30.

En outre, les arrêts, les horaires et les directions sont parfois mal indiqués. Lorsque des couloirs sont réservés aux bus, ils butent sur un rond-point embouteillé que l'on n'a pas voulu soustraire à la circulation générale. En conséquence, le bus n'est jamais à l'heure, il reste vide, et les automobilistes pestent contre ce véhicule encombrant, inutile et coûteux.

Les arrêts de bus sont dégradés, on n'y trouve pas toujours un abri pour se protéger de la pluie ou du soleil, et l'accès y est difficile. Les trottoirs qui permettent d'y accéder sont cabossés, voire prennent la forme de simples bas-côtés en terre battue, recouverts de paquets de cigarettes, bouteilles, canettes, prospectus multicolores jetés par la fenêtre de quelque automobile.

On comprend mieux pourquoi le service n'est utilisé que par une clientèle captive. Dans le bus, on croise des collégiens réfugiés derrière leurs écouteurs, des personnes âgées, silencieuses, presque résignées et des femmes voilées qui ne passeront jamais le permis de conduire. En d'autres mots, des jeunes, des vieux et des pauvres. Ainsi, le service des transports urbains représente un important budget, pour un service qui ne fonctionne pas au maximum de sa capacité, et dont les bénéfices pour la collectivité dans son ensemble ne sont jamais évalués. Un énorme gâchis.

Dès lors, certaines collectivités sont tentées de renoncer à une desserte, à une fréquence ou à un service quotidien. Par exemple, à Boulogne-sur-Mer (Pas-de-Calais), la ville de l'ancien ministre des Transports Frédéric Cuvillier (PS), la communauté d'agglomération a réduit le service de bus à l'été 2015. Plusieurs lignes, fonctionnant le soir ou reliant des communes du littoral, ont été supprimées. D'autres sont remplacées par des services de taxi à la demande. Prenant appui sur ce « bon exemple » boulonnais, le Medef de la Côte d'Opale a demandé aux élus de Calais de suivre la même voie. Dans les villes moyennes, les transports publics ne constituent plus un outil d'aménagement du territoire, et deviennent une simple variable d'ajustement budgétaire.

L'identité locale magnifiée

L'identité d'une ville s'inscrit là, place de l'Hôtel de ville, au milieu des anciens remparts, dans les rues héritées du Moyen Âge. Le centre a parfois son petit nom, reflet de son apparence sur la carte ou de son histoire : « l'écusson » (Montpellier ou Nîmes), « intra-muros » (Avignon ou Saint-Malo), « la bastide » (Libourne ou Villefranche-de-Rouergue), « le bouchon de champagne » (Troyes), « le pentagone » (Bruxelles), « l'octogone » (Toulouse), voire « le carré magique » (Lorient) ou « le ballon de rugby » (Agen)...
Même dans ce secteur sauvegardé, cette identité est menacée. Les municipalités cherchent alors à l'exalter en mettant en valeur les plus belles images : cathédrale, maison médiévale, pont ancien, toits d'ardoise, petits balcons ensoleillés sur lesquels on rêverait de prendre son petit-déjeuner. Tous ces éléments d'urbanité, qui dessinent une représentation pittoresque, sont étalés à l'envi sur les documents de communication, affiches, flyers promotionnels, sites Internet et réseaux sociaux. À la manière des mégapoles américaines qui présentent leur plus beau profil de gratte-ciel, les villes françaises adorent brandir leur *skyline*.
L'opération promotionnelle se poursuit sous les pas des promeneurs. On remarque, fichés dans le sol, de larges clous de cuivre arborant le blason de la ville : les armoiries de Toulon, la cathédrale de Metz, le crocodile de Nîmes, une fleur de lys à Soissons, Jeanne d'Arc à Orléans ou encore une coquille à Aire-sur-l'Adour.
Pour magnifier leur identité, certaines collectivités vont même jusqu'à placarder dans le métro parisien des affiches éclatantes vantant les mérites de leur cadre de vie, sur le mode « vivre à côté de l'océan, à trois heures de Paris », « l'Aisne, it's open » ou « je vois la vie en Vosges ».

Mais ces belles images ne suffisent plus. À quelques kilomètres des abbayes, statues, beffrois, marchés, gares, arènes, collines, la majorité du territoire de l'agglomération est constituée de rubans bitumés, d'entrepôts métalliques et de résidences fermées. Comme le chante Dominique A dans « Rendez-nous la lumière », les paysages, désormais, « se ressemblent tous ».

Dès lors, il est tentant de maquiller la misère. À Nevers, en novembre 2015, l'opération « Nevers se met en vitrine » vise à décorer les vitrines vides d'adhésifs en trompe-l'œil représentant une boutique ouverte et vivante. Les décors figurent un marchand de chocolat, une fromagerie ou un petit théâtre. La ville, qui finance l'opération, espère inciter des repreneurs à s'installer. À La Roche-sur-Yon, Tonnerre (Yonne) ou Bourges, la municipalité et les commerçants procèdent aux mêmes camouflages. À Orthez (Pyrénées-Atlantiques), Pamiers (Ariège) ou Saint-Étienne, ce sont des artistes qui sont invités à décorer les vitrines vides.

Lorsqu'elle est menacée, l'identité locale devient un sujet sensible. Aurélien Chaméon, jeune professeur d'histoire-géographie, a mesuré cette susceptibilité en effectuant un « tour des départements de France à vélo », dont il a fait un livre. Parti de Sisteron (Alpes-de-Haute-Provence), où il réside, le cycliste a parcouru chacun des 96 départements métropolitains pendant un an. Il a pu constater, au cours de ce périple quasi oulipien, « une exaltation de l'identité locale », attisée par de multiples détails. Il énumère ces petites choses qui distinguent une région d'une autre : « La nourriture, l'accent, les expressions, le nombre de bises. Dans le Sud-Ouest, "moins" se prononce "moinsse", tandis que dans le Nord-Est, "vingt" se dit "vinte". Qui ne mange pas de beurre salé n'est pas breton et il ne faut surtout pas confondre l'Alsace et le territoire de Belfort. » Mais il n'empêche, explique-t-il, qu'on retrouve dans chaque région, quelle que soit la beauté de ses paysages, des zones commerciales, des panneaux d'entrée de ville, des enrobés bitumineux, des lotissements. Au fond, ce qui distingue la périphérie de Sedan (Ardennes) de celle de Pamiers (Ariège), c'est la manière dont on y prononce « moins » ou « vingt » et le nombre de bises que l'on s'y échange.

CHAPITRE 4

Qui sont les coupables ?

La fermeture massive des commerces de centre-ville émeut les associations de commerçants, les médias locaux, les notables, les milieux culturels. Des pétitions traînent sur les comptoirs des boulangeries, la population s'inquiète, se retourne vers le maire, prié de « faire un geste ». Mais les pouvoirs publics, dans une économie libre, ne disposent pas de cagnotte miraculeuse pour subventionner les commerces sans clientèle. Seigneur à l'intérieur des murs, méconnu au-dehors, le maire tente de se faire repérer par les élus plus influents que lui. Il proteste, manifeste, écrit aux parlementaires, aux ministres. Les services de la collectivité remplissent des dossiers de subvention avec le fébrile espoir de gagner un gros lot européen.

Les habitants, eux, se montrent résignés, sans illusion. « Ici, vous savez, c'est pas terrible. » Leur sort serait unique, singulier. « C'est comme ça chez nous, c'est la mentalité », dit-on à Abbeville ou à Digne-les-Bains. Comment en est-on arrivé là ? Chacun a sa petite idée. La faute d'Internet, dit l'un. La désindustrialisation, assure un autre. Les propriétaires qui ne veulent pas louer, avance le troisième. Les métropoles qui nous asphyxient, assure le quatrième. Mais parfois, c'est le messager qui est responsable, celui qui a mis le doigt sur le problème.

Le messager et le bourreau

Face au rouleau compresseur, on se défend avec les moyens du bord. À Saint-Étienne, la journaliste Sylvia Zappi et le journal *Le Monde* en ont fait les frais. Il en fut de même à Dunkerque, après la charge malheureuse de Catherine Deneuve. Le réflexe est commun, logique. En février 2015, un personnage de la série *Plus belle la vie* l'assure : « Traîner des élèves à Charleville-Mézières en plein hiver, c'est de la maltraitance. » La presse locale s'enflamme, les habitants font bloc, le maire réagit, comme son homologue de Saint-Étienne quelques mois plus tôt, avec un hashtag pour le réseau Twitter : #PlusbellelavilleCharleville.

En février 2016, le duo d'humoristes Éric et Ramzy maudit Saint-Nazaire (Loire-Atlantique) au *Petit journal,* émission mêlant satire et information présentée par Yann Barthès sur Canal Plus. « Saint-Nazaire, c'est horrible, il faut tout casser et refaire. C'est dégueulasse. Tu rentres, tu chiales », s'amuse Éric Judor, qui ne mesure manifestement pas la violence de ses propos. Immanquablement, la ville s'insurge et les compères doivent s'excuser. Quelques mois plus tard, c'est au maire et aux habitants de Maubeuge (Nord) de se révolter contre Johnny Halliday qui, en concert à Papeete, s'est exclamé : « C'est quand même mieux de chanter à Tahiti qu'à Maubeuge. » En mars 2016, devant les invités de Villes de France, Frédéric Cuvillier, maire de Boulogne-sur-Mer, s'en prend aux médias : « Les fermetures de commerces font vendre les journaux, mais elles sont moins médiatisées que les ouvertures. »

Tout ceci rappelle les réactions, à Paris, en janvier 2015, lorsque la télévision américaine Fox News qualifiait certains quartiers de la capitale de « *no go zones* », prétendument interdites aux non-musulmans. La plupart des Parisiens ont éclaté de rire, mais pas les élus, qui ont attaqué la chaîne en justice, comme s'ils étaient les uniques dépositaires de la réalité parisienne. Au fond, tout se passe comme s'il était interdit à toute personne ne résidant pas dans une ville d'en parler. Un « étranger » qui critique une ville rappelle un peu cet ami d'ami, invité par inadvertance, qui éreinte la décoration du salon.

La désindustrialisation n'explique pas tout

Chaque localité a son histoire, plus ou moins triste. On aurait choisi, loin dans le passé, une « spécialisation », raffinage du sucre ou décolletage, qui ne fait plus recette. Le chômage est une fatalité, et la mondialisation la source de tous les maux. Une suppression d'emplois, résultat d'un plan social ou du déménagement d'un important établissement (caserne, maternité, tribunal) suscite un mélange de pitié, de fatalisme et d'accusation. Ce désenchantement explique pourquoi toutes les promesses de création d'emplois, même illusoires, entraînent un espoir immense.

Toutefois, la fermeture des commerces ne résulte pas forcément d'une crise industrielle. La grande majorité des villes, y compris celles qui connaissent une santé économique florissante, sont touchées par la déprise commerciale. Le taux de chômage de l'agglomération de Rodez est l'un des plus faibles de France, ce qui n'empêche pas les vitrines vides de proliférer à proximité de la cathédrale Notre-Dame. Vitré (Ille-et-Vilaine) est systématiquement présentée dans les classements publiés par les hebdomadaires comme l'une des cités les plus dynamiques de France. Pierre Méhaignerie, son maire (LR) depuis 1977, vante « le plein emploi » dont bénéficieraient ses administrés, au contraire de la plupart des autres bassins d'emploi. Et pourtant, Vitré souffre de la crise urbaine. En centre-ville, le nombre de commerces diminue tandis que les zones commerciales de diverses tailles qui l'entourent monopolisent 90 % des dépenses des ménages.

La rente, une maladie française

On raconte un peu partout l'histoire de ces propriétaires de pas de porte, impassibles rentiers ou holdings anonymes, qui louent leur bien le plus cher possible, quel que soit le marché.

À Grenoble, par exemple, « les coûts de location des pas de porte restent élevés. Alors même que l'offre de biens augmente et que la demande stagne », observe Pascal Clouaire, adjoint au maire en charge de l'économie de proximité. À Périgueux, « certains propriétaires ne savent plus très bien ce qu'ils possèdent », confie un élu.

Ces bailleurs insouciants, à l'abri du besoin, cèdent, au fond, à un sport bien français, l'esprit de rente, répandu à tous les niveaux de la société. Celui-ci fait croire à des générations entières que la richesse s'acquiert par l'héritage plutôt que par le travail. Chacun préfère défendre une situation acquise plutôt que de relever de nouveaux défis, conserver sa clientèle vieillissante, garder un emploi ennuyeux. Les pouvoirs publics capitulent systématiquement face à des professions réglementées et bien organisées qui refusent de se réformer depuis des décennies. Et le propriétaire dédaigne de louer son fonds de commerce, même au plus offrant.

Les ventes en ligne : un effet limité

Le consommateur contemporain tapote son écran, entre son numéro de carte bancaire et attend la livraison. Il se dédouane en laissant, dans le meilleur des cas, une pièce de 2 euros au livreur auto-entrepreneur et noir. Pourquoi s'embêter à porter les courses quand on peut se les faire livrer ? Les distributeurs eux-mêmes ont compris cette aspiration, au point d'avoir imaginé les « drive », ces postes où les automobilistes viennent retirer leurs achats commandés en ligne.

Internet modifie en profondeur le modèle économique du commerce. « Cette interface permet de gérer les flux d'informations, l'échange d'argent et de propriété », constate Pascal Madry, directeur de Procos. Quel est l'impact de ces ventes sur le commerce de proximité, et donc sur la vitalité des villes ? Les ventes à distance ont certes tué les agences de voyage, les loueurs de vidéos ou les boutiques de développement de photos. Les kiosquiers souffrent de l'avènement des applications sur smartphone, où défile l'information quotidienne à la vitesse du pouce.

Toutefois, l'impact d'Internet sur le commerce n'est pas aussi élevé qu'on l'imagine, avance Pascal Madry. « L'effet demeure limité. Si l'on suit l'évolution des commandes en ligne, qui progressent régulièrement sans être exponentielles, le marché pourrait ne pas dépasser les 15 % », estime-t-il. Malgré des progressions annuelles à deux chiffres, souvent dopées par les ventes de fin d'année, Internet ne générait encore que 7 à 9 % des ventes de détail fin 2015, confirme la Fédération du e-commerce et de la vente à distance.

Par ailleurs, le développement du commerce en ligne n'est pas gratuit. « Internet ne m'a pas encore livré », entend-on parfois. Mais ce n'est pas « Internet » qui livre ! Ce sont des livreurs, au volant de camionnettes bruyantes et polluantes, qui sillonnent la ville en permanence et se garent là où ils peuvent, parfois sur les trottoirs ou les pistes cyclables. Cela occupe de l'espace et coûte de l'argent, soit au particulier, soit à son fournisseur, et assurément à la collectivité. Des entrepôts poussent le long des axes de transport, en périphérie. Il faut bien que l'économie « dématérialisée » se matérialise à un moment donné. Au Royaume-Uni, les *white van men*, ces livreurs en camionnette blanche, considérés comme agressifs et égoïstes au volant, ont déjà mauvaise réputation.

Or, avec le développement des achats, échanges et reventes en ligne, tout le monde, entreprise ou particulier, devient logisticien, stockeur ou transporteur. Toutes ces allées et venues modifient l'usage de la ville et nécessiteront, tôt ou tard, une régulation des pouvoirs publics.

Pour ces raisons, les commerces de proximité pourraient résister plus facilement que les grandes surfaces à la concurrence des marchands en ligne. Lorsque le commerce est en bas de chez soi, accessible facilement, sans entraves, et que la balade est agréable, l'achat sur Internet présente beaucoup moins d'intérêt.

\ Le désir de métropole

La grande ville a son TGV et ses rues animées ; la petite ville un TER poussif et ses boutiques abandonnées. L'essor des métropoles est-il à l'origine du déclin des villes moyennes ? Cette théorie apparaît à chaque fois qu'il est question de la crise urbaine. Car, c'est un fait, la transformation des grandes villes de France coïncide peu ou prou avec la dévitalisation urbaine, rompant avec le pacte tacite de « l'égalité des territoires ».

Par la grâce du TGV

Le soleil éclaire déjà la façade de la gare. Comme tous les matins, des femmes en tailleur, des hommes cravatés et des *hipsters* à la barbe plus ou moins taillée se dirigent vers les quais. Les TGV pour la capitale sont cadencés et partiront à l'heure. En première comme en seconde classe, pendant une, deux ou trois heures, les smartphones ont été basculés en position vibreur, on n'entend plus que le cliquetis des doigts sur les touches des ordinateurs portables. Les passagers croiseront, à très grande vitesse et sans lever les yeux, d'autres cadres hyperconnectés, ceux-là étant « en déplacement en province » pour la journée.

À l'heure du déjeuner, dans les quartiers piétonnisés, sur les berges du Rhône ou de la Garonne, à la Krutenau, autour de la place Graslin, dans les ruelles du Vieux-Lille, place Garibaldi ou encore cours Julien, dandys, « *wonder women* » et hommes d'affaires se prenant à l'occasion pour des artistes se retrouveront pour un léger en-cas, accompagné d'une production vigneronne à la mode, Muscadet, Viognier, Pinot noir ou Pessac-Léognan.

Les grandes villes de France se sont mises à ressembler à Paris. Quelques tours ont été dessinées par des architectes de renom. Au nouveau pont au design épuré, on a donné le nom d'un ancien Premier ministre, qui fut aussi maire. On flâne dans les plus belles librairies. On longe le fleuve à vélo, sur des berges désormais débarrassées des voitures. Des dizaines de jeunes gens, sur un *fixie* ou sur un vieux biclou, un monstrueux sac estampillé Deliveroo ou Foodora sur le dos, livrent des créations culinaires improbables aux citadins overbookés. Les bistrots sont devenus *trendy*, la carte sans surprise et les serveurs désagréables. On aperçoit des femmes aux terrasses des cafés, seules devant un verre de blanc, une cigarette à la main, comme sur les Grands Boulevards. D'ailleurs, on ne dit plus « villes de province », mais « métropoles régionales ».

Le mètre carré s'arrache à prix d'or, les loyers augmentent régulièrement. On déniche sans difficulté, dans un quartier autrefois populaire, une belle garçonnière à louer pour quelques jours. Le quartier des Capucins, à Bordeaux, fait ainsi partie des zones les plus prisées par les clients du service Airbnb. Entre 2014 et 2015, le nombre d'appartements mis en location a progressé de 966 % !

La transformation sociologique est à l'œuvre. À Saint-Michel, à Wazemmes ou sur les pentes de la Croix-Rousse, les « bobos » cohabitent avec des catégories populaires. Exactement comme à Barbès ou à Belleville. Les quartiers périphériques sont investis par des ménages aux revenus moyens, et les familles modestes mais néanmoins travailleuses sont contraintes de déménager pour la grande couronne. Ces métropoles gentrifiées, on peut presque les compter sur les doigts des deux mains : Paris, Lyon, Bordeaux, Nantes, Toulouse, Strasbourg, Lille, Grenoble, Rennes, voire, à certaines heures ou selon la saison, Dijon, Nice ou Montpellier. Marseille, dont les banlieues sont intégrées à la ville, porte fièrement son statut discordant.

La prophétie réalisée

Les grandes métropoles, il est vrai, aspiraient à ce destin depuis un moment. Dans les années 1960, elles furent décrétées « métropoles d'équilibre », chargées à elles seules de résorber cet insupportable décalage entre Paris et « le désert français ». Tramways, musées, salles de spectacle, TGV, administrations délocalisées : tous les instruments des politiques publiques ont été mis au service de cette ambition. Les édiles, solides barons locaux rêvant d'un destin national, seigneurs injoignables, se poussent du col pour faire figurer leur territoire dans le classement des cités les « plus agréables à vivre ». Leur horizon, désormais, ce n'est plus la France, mais l'Europe ; leurs rivales s'appellent Francfort, Milan, Barcelone. La prophétie a fini par se réaliser.

Depuis le début des années 2000, l'évolution de l'emploi confirme cette prépondérance métropolitaine, ainsi que le démontre l'économiste Laurent Davezies. Après la crise financière puis économique de 2008-2009, les métropoles ont davantage tenu que le reste du pays. Ce « sursaut métropolitain », comme l'appelle le spécialiste, s'explique par la meilleure résistance du « tertiaire supérieur » aux tempêtes. « La programmation et le conseil en informatique, le conseil de gestion, les sociétés de holding » s'épanouissent pleinement dans les métropoles désindustrialisées, observe l'économiste. Selon le sociologue Pierre Veltz, l'économie d'une métropole bénéficie de la densité. « Le fait de tout avoir à proximité, réseaux, transports, communications, activités, services, capital humain », permet selon lui de faire « émerger la face cachée de l'économie ». Dès lors, résume-t-il, « 1+1 = 3 ».

Jacobinisme régional

Les grandes villes cultivent une sorte d'entre-soi territorial. Elles se copient les unes les autres, tout en prétendant se concurrencer. Leurs élus, de droite comme de gauche, mais aussi leurs fonctionnaires, se fréquentent, se saluent dans des colloques à l'autre bout de l'Hexagone, à Paris et même « à l'étranger ». Les directeurs généraux ont vu du pays, poursuivent leur carrière en passant d'une administration territoriale à une autre. Contrairement aux autres collectivités locales encore engluées dans les couches crémeuses du millefeuille territorial, les métropoles bénéficient, grâce à la « loi Mapam » de 2014 qui en a fait des collectivités souveraines, des moyens de rationaliser l'action et la dépense publiques.

Revers de cette brillante médaille, les métropoles prospères suscitent la fascination, la jalousie, parfois la peur ou la détestation. Selon les âges de la vie, on se rend à Bordeaux, Nantes ou Lyon pour poursuivre de longues études, courir les magasins ou confier son corps au bistouri d'un chirurgien renommé. Les « Lillois », les « Toulousains » ou les « Lyonnais » transportent, dans leurs régions respectives, la même réputation que les « Parisiens » : riches, cultivés, influents, arrogants, méprisants et donc méprisés. Tandis que le reste du territoire, villes autrefois industrielles, petites cités, campagnes plus ou moins profondes, glissent doucement dans l'abandon. Paris et le désert français ? Non, plutôt Rennes face au désert breton, Dijon et le désert bourguignon, tandis que Toulouse, avant même la fusion des régions Midi-Pyrénées et Languedoc-Roussillon, se présentait déjà comme la capitale incontestée d'une bonne dizaine de départements.

La faute des métropoles, vraiment ?

Les métropoles, bourreaux des villes et des campagnes ? C'est la théorie défendue par le géographe Christophe Guilluy. Le raisonnement semble imparable. Les unes bénéficieraient de la mondialisation des échanges et des idées, tandis que le reste du territoire, villes et campagnes confondues, en subirait les assauts. Les terminus du TGV, voraces, auraient aspiré à la fois l'activité, les budgets et les cerveaux. La « fracture spatiale » fait rage.

Et, de fait, les métropoles sont bien plus riches, au sens où elles dégagent davantage de produit intérieur brut, que le reste du territoire. Mais c'est une richesse en trompe-l'œil. Lorsqu'un territoire crée de la richesse, cette manne ne bénéficie pas uniquement à ses habitants. Au contraire. « La géographie de la production diffère de la géographie de la consommation », relève l'économiste Laurent Davezies. Dès 2008, dans *La République et ses territoires*, puis en 2012, dans *La crise qui vient*, ce spécialiste démonte la confusion entre création de richesse et bénéfice de la richesse. La première est effectivement l'apanage des grandes villes, mais la seconde atteint l'ensemble des territoires de manière beaucoup plus égale qu'on ne le croit généralement. La redistribution par l'impôt et les aides sociales, que l'auteur baptise « politique régionale implicite », compense une bonne partie du différentiel de création de richesse. En Europe, « un point de valeur ajoutée supplémentaire à Paris, Madrid ou Lisbonne se traduit par un flux supplémentaire de revenus vers le Languedoc-Roussillon, l'Andalousie ou l'Alentejo », détaille-t-il.

En France, de nombreux territoires ruraux ou littoraux, à vocation plus ou moins touristique, bénéficient des déplacements récurrents des ménages les plus riches. Les cadres supérieurs ou les retraités qui passent leurs week-ends à la campagne, sur les côtes ou dans des régions ensoleillées, contribuent largement à enrichir les personnes qui y vivent à l'année. L'Île-de-France, parfois accusée de concentrer les richesses à son seul profit, redistribue même 10 % de son PIB vers les autres régions. Ainsi le cadre qui quitte tous les matins son village de l'Oise ou de l'Eure-et-Loir pour travailler à Roissy ou à Saint-Quentin-en-Yvelines contribue-t-il à la richesse francilienne mais dépense l'essentiel de ses revenus en Picardie ou dans la région Centre. Contrairement aux idées reçues, « les inégalités entre les territoires n'ont cessé de se réduire », poursuit Laurent Davezies.

En revanche, précise l'économiste, « ce qui est vrai à une échelle peut être faux à une autre. Alors que les inégalités de revenu ont eu tendance à décroître entre nos régions et nos villes, elles ont augmenté à l'échelle fine, entre les différentes composantes, communes et quartiers, de nos agglomérations ».

Le mythe du désenclavement

Le mythe de la métropole créatrice de richesses a cependant la vie dure. Les villes paupérisées devraient imiter leurs grandes sœurs. À Clermont-Ferrand, il faudrait concurrencer Lyon ; à Poitiers, on observe Nantes et Bordeaux avec une pointe de jalousie ; Amiens rougit face à Lille. Dès lors, l'envie de métropole l'emporte sur la logique territoriale. Après l'adoption de la loi Mapam, Grenoble, Brest ou Nancy ont joué des coudes pour faire partie de la liste des agglomérations concernées. Dijon, Orléans, Saint-Étienne et Toulon ont obtenu le précieux label in extremis, à l'été 2016. Entre Strasbourg et Lyon subsiste le fantasme récurrent d'une métropole « Rhin-Rhône » unissant Montbéliard et Mulhouse. Angers, Besançon ou encore Pau-Lourdes-Tarbes caressent le même rêve.

L'aspiration métropolitaine fait l'impasse sur les difficultés majeures auxquelles sont confrontées les grandes villes : pollution, promiscuité, inégalités sociales, manque d'espaces verts. Seul compte, au fond, le statut rassurant. Comme si le fait de « passer en métropole » pouvait immuniser contre tous les risques.

Le « désenclavement » est présenté comme une autre clef de la renaissance. Il faut « accueillir les entreprises », « faire venir les gens », augmenter la fréquence des trains, financer enfin cette « deux fois deux voies » toujours promise, jamais construite.

La suppression des lignes ferroviaires, quelle que soit leur nature, est vécue comme un traumatisme. Une petite ligne oubliée, qui desservait une région reculée, traversant de superbes paysages, est progressivement remplacée par un car. Les fonctionnaires du ministère des Transports soupèsent régulièrement la pertinence des « trains d'équilibre du territoire », qui traversent plusieurs régions administratives. Enfin, les dessertes par TGV, pratiques mais lourdement déficitaires, sont supprimées au profit de liaisons indirectes – qui obligent les voyageurs à changer de train.

À chaque fois, les élus protestent. Villes de France dénonce « un sacrifice délibéré de l'activité ferroviaire ». Maire de Saint-Dié-des-Vosges, David Valence (UDI) assure au nom de l'association que la fréquence ferroviaire constitue « pour les villes concernées une vitrine qui draine une population de cadres et de professions supérieures ». Pendant ce temps, paradoxalement, l'État et la SNCF s'engagent à construire de nouvelles lignes à grande vitesse réclamées avec insistance par d'autres élus qui, ailleurs, voudraient eux aussi une liaison directe et confortable pour Paris. La quadrature du cercle.

Le souhait de désenclavement, poussé jusqu'à l'absurde, conduit à des arbitrages douloureux. Faut-il privilégier la grande vitesse ou, comme le proclame Guillaume Pepy, P-DG de la SNCF, les trains du quotidien ? En d'autres termes, faut-il encourager les Arrageois ou les Manceaux à trouver un travail à Paris ou les habitants de Vimy ou de La Ferté-Bernard à emprunter le train pour se rendre à Arras ou au Mans ?

Poser la question, c'est suggérer la réponse. Seule une petite minorité d'habitants, cadres ou hauts fonctionnaires, sans oublier les élus eux-mêmes, emprunte régulièrement la ligne à grande vitesse. En outre, aujourd'hui, ces dirigeants hyperconnectés ont beaucoup moins besoin de vitesse qu'avant. Car les smartphones, les ordinateurs et les clefs 4G, à défaut du wi-fi, permettent une forme d'ubiquité.

Grands bâtisseurs

La Chambre de commerce et d'industrie réclame plus de facilités, moins d'impôts, plus de terrains. Le développement économique, le « dév éco », comme dit l'adjoint chargé de cette mission, apparaît comme l'unique horizon d'une municipalité confrontée à une menace de déclassement. Le maire, lui, se rêve en « bâtisseur ». Il accueille à bras ouverts toute entreprise, petite ou grande, disposée à s'installer.

Pendant des décennies, on a ainsi construit des zones commerciales qui ont surtout contribué à tuer le commerce local. Certaines villes imaginent des équipements somptueux, un golf, un parc d'attraction, un stade, un palais des congrès, de nouvelles infrastructures chargées de développer l'activité mais aussi de concurrencer, voire d'humilier, la ville voisine, rivale de toujours. On compte déjà en France 120 structures consacrées à l'accueil des congressistes, et il s'en construit de nouvelles chaque année.

Or, en agissant ainsi, on confond l'attractivité économique, nécessaire à l'implantation des entreprises, et le dynamisme commercial, qui repose sur les dépenses des habitants. « Beaucoup de responsables vivent encore dans cette idée que, pour favoriser le développement de leur région, la seule planche de salut est de dynamiser son appareil de production, d'augmenter le niveau de qualification de ses emplois, d'attirer des "emplois métropolitains supérieurs" », tranche Laurent Davezies dans *La République et ses territoires*.

Pour l'auteur, « la plupart des élus locaux ignorent la structure de leurs bases économiques et continuent de penser en termes de développement de compétitivité ». Dès lors, « l'aménagement local est un programme électoral permanent », avec pour objectif les « politiques locales de croissance de l'activité » du territoire, conçu comme une « petite nation » devant impérativement générer de la croissance économique. La notion d'interdépendance des territoires semble étrangère à ces raisonnements.

Mais la volonté de concurrencer les villes voisines, et en particulier les métropoles, produit des effets inverses à ceux escomptés. La plupart des échanges se font dans un rayon de quelques kilomètres, pas à l'échelle d'une région. Autrement dit, si les commerces rémois enregistrent des chiffres d'affaires décevants, ce n'est pas à cause des Parisiens qui ne peuvent plus venir faire leurs courses... Quand la boulangerie d'Agen ferme, ce n'est pas en raison de la proximité de Bordeaux. Et lorsque la quincaillerie de Nîmes est menacée, Montpellier n'y est pour rien.

Pour en finir avec l'égalitarisme territorial

Les inégalités entre les individus ou les catégories sociales, en matière de santé, de transports ou de formation, sont souvent mises en relation avec les différences existant entre les territoires. Pour parer cet antagonisme, il conviendrait ainsi de proclamer l'« égalité des territoires ». Ce concept, érigé en politique publique et même en intitulé de ministère, « domine le débat sur la question sociale », remarque Laurent Davezies.

Cette aspiration laisse planer l'idée que les territoires, mais aussi les collectivités qui les administrent, voire leurs élus, pourraient se prévaloir de « droits égaux ». Cela traduit une curieuse conception de la géographie. Les territoires ne peuvent être, en tant que tels, « égaux ». La géographie physique, le relief, la proximité d'une forêt ou d'un cours d'eau, l'ensoleillement d'une région ne sont évidemment pas identiques. Pas davantage que la taille des villes, leur histoire, leurs principales activités économiques ou les prix de l'immobilier. Les services collectifs, sécurité, ramassage scolaire, établissements de soin, tri des déchets ou fourniture d'énergie, ne répondent pas aux mêmes impératifs et ne peuvent être assurés de la même manière. Par définition, on ne dessert pas aussi fréquemment ni avec les mêmes moyens de transport la banlieue d'une ville dense et des hameaux au fond d'une vallée.

En proclamant l'« égalité des territoires », les élus, dans une énième déclinaison de la grande maladie française qu'est l'égalitarisme, finissent par confondre leurs électeurs avec le périmètre géographique où ils vivent. En réalité, l'égalité des territoires importe moins que l'égalité des chances, quel que soit le territoire d'origine. Comme le confiait Laurent Davezies à *La Gazette des communes* : « Le rôle de l'État n'est pas de servir l'intérêt des territoires, il est d'assurer l'égalité des citoyens qui s'y forment, y vivent, en partent ou y restent piégés. »

\ Le centre commercial, rouleau compresseur

À observer les villes de France, de nos jours, on se dit que les histoires se ressemblent. Personne n'a trouvé de martingale contre le déclin. Mais on constate en revanche l'existence d'une recette du déclin. Et celle-ci passe par l'hypermarché.

Tout, absolument tout

Farine de blé, de quinoa ou d'épeautre, yaourts de brebis, chocolat noir, au lait, aux amandes, à la fleur de sel, puissants détergents, vestes en cuir, écrous et boulons, chaises de jardin, prix Goncourt, pizzerias et restaurants gastronomiques, mise en plis, manucure, oto-rhino-laryngologiste, laboratoires d'analyses médicales, Palmes d'or en VF, gants de boxe ou de ski, patinoire, Pôle emploi, maternité, mairie annexe : dans une zone commerciale, on trouve littéralement de tout. Exactement comme dans la ville d'antan. La poissonnerie de la grand-rue a fermé depuis belle lurette, le couple de fleuristes qui officiait depuis les années 1960 a pris sa retraite l'an dernier, le boucher a revendu à une onglerie qui n'a pas tenu six mois. Pauvre centre-ville. Mais allez donc à la zone sud, ou à la zone est, et vous y trouverez un gigantesque hypermarché au cœur duquel trônent des rayons frais agencés de façon à ressembler à un marché de village, avec brumisateurs pour les fruits et légumes et bacs à glace inclinés pour présenter les poissons.

Le bel hôtel Grand Siècle qui trône sur la place de la mairie s'est altéré en établissement bas de gamme, le hall d'entrée somptueux a été revendu à un fast-food et l'on accède désormais aux chambres décrépies par une rue adjacente. C'est triste, mais dans la zone commerciale, vous pourrez choisir l'hôtel correspondant à votre budget, de la « single » du VRP, petite et propre, à la luxueuse suite avec terrasse et piscine.

Le cinéma du quartier va fermer. De toute façon, on n'y projette plus que des navets ou, le mercredi après-midi, les trouvailles nostalgiques du ciné-club. Mais qu'importe ! Puisqu'à la sortie de la rocade, vous avez un multiplexe aux formes géométriques où défile, toutes les deux heures, la sélection choisie pour vous selon les recommandations hebdomadaires du site Allociné.

Les boulangeries de quartier éteignent leur four les unes après les autres ? Mais de quoi vous plaignez-vous, puisque les enseignes ouvrent des « panetières » ou des « fournils » aux couleurs chaudes et aux arômes farinés dans d'anciennes stations-services ? On peut y arriver en voiture, se garer dans le sens de la marche, laisser la clef de contact sur le tableau de bord et repartir aussitôt ! Et ce, de 5 heures à 20 heures, sans discontinuer.

Le dessinateur Cabu avait décidément l'œil pour observer le phénomène. L'un de ses dessins représente une énorme truie affalée sur son flanc, écrasant ce qui reste de ville, un magma où on aperçoit, noyées entre le clocher de l'église et les maisons délabrées, les ruines d'une épicerie, d'une boulangerie, d'un fromager ou d'un café. La truie bienheureuse, presque souriante, nourrit, à chacune de ses six mamelles, des petits cochons parfaitement identiques baptisés « restaurant », « boulanger », « charcutier », « droguiste », « fromager », « syndicat d'initiative ».

Une industrie conquérante

La grande distribution, polymorphe, doit son succès non seulement à une large et abondante variété de produits, mais à la mécanisation des tâches, à un souci permanent de la productivité. Les responsables du marketing imposent à leurs fournisseurs, au cours de négociations serrées, des conditions draconiennes qui n'ont plus rien à voir avec le marché libre. L'auteur Christian Jacquiau relate par le menu, dans son livre *Les Coulisses de la grande distribution*, les pressions exercées par les distributeurs sur les producteurs. Quant aux marchands qui s'installent dans les galeries couvertes, ils profitent de loyers plus avantageux qu'en ville, conséquence du faible coût du foncier dans les espaces périurbains, mais doivent verser une redevance correspondant aux services rendus.

Cette stratégie permet au mastodonte d'offrir des « prix bas toute l'année » ou de « lutter contre la vie chère », ainsi que des promotions endiablées : semaines du blanc, deux paquets pour le prix d'un ou journées de la ménagère, sans oublier la lessive Leclerc ou les macaronis Auchan. Enfin, naturellement, de vastes parkings gratuits donnent l'impression aux clients de procéder au ravitaillement hebdomadaire sans fournir trop d'efforts ni perdre trop de temps. En réalité, le modèle repose sur un principe, de plus en plus répandu, consistant à faire travailler le client. C'est lui qui se sert dans les rayons, transporte les produits du hangar où ils sont stockés (l'hypermarché) à leur destination finale (le placard de la cuisine, le salon ou la cave). Pour le distributeur, le prix du transport des marchandises s'est évaporé : payé par les fournisseurs en amont du magasin, par les clients en aval.

Dans ces espaces hermétiques, éloignés des vicissitudes du monde extérieur, des intempéries, de la circulation, en un mot de la vie réelle, l'équilibre entre les enseignes est savamment dosé. Il n'est pas question de saturer la clientèle en installant trois boutiques de décoration l'une à côté de l'autre. L'organisation d'un centre commercial obéit au fond à des principes d'économie administrée que n'auraient pas renié les pères fondateurs de la Russie soviétique, la pénurie en moins. Une vraie entreprise totalitaire.

Cette industrie dispose d'une force de frappe phénoménale. Une surface financière exceptionnelle lui permet d'engager les meilleurs économistes, juristes et spécialistes du marketing, mais aussi les architectes les plus réputés, des agences de publicité, des lobbyistes, des urbanistes, des sociologues, des détecteurs de tendances, jusqu'aux chefs étoilés et aux intermittents du spectacle. Elle dispose de puissants relais médiatiques, par l'intermédiaire des spots publicitaires ou d'émissions de télévision et autres « contenus » en ligne, discrètement sponsorisés.

En France comme ailleurs, les « nouveaux commerçants » ont su remarquablement s'adapter aux évolutions de la société, déjouer diverses lois présentées comme restrictives, intégrer les changements des règles d'urbanisme ou les tournants politiques. Ainsi, au milieu des années 1980, tirant parti des lois de décentralisation qui accordent davantage de pouvoirs aux maires, la grande distribution imagine des moyennes et grandes surfaces spécialisées (habillement, alimentaire, électroménager ou ameublement) et les installe dans des communes souveraines, en périphérie des agglomérations.

À mesure de son histoire, le secteur s'est accommodé de la multiplication des divorces comme de l'avènement des smartphones, s'est convertie au concept de « développement durable » et à celui de consommation collaborative, tout en résistant aux crises de réputation.

Carrefour veut désormais implanter des pôles médicaux dans les périphéries pour répondre au vieillissement de la population, ambitionne d'enseigner la fabrique du pain à ses clients, s'engage en faveur des légumes moches, de la COP 21 ou de la paix dans le monde. Anticipant un recul de l'usage de la voiture, les distributeurs font pression sur les autorités locales pour obtenir une ligne de tramway ou de bus, ou organisent le covoiturage.

La presse spécialisée, jamais avare de compliments, annonce même des « centres commerciaux nouvelle génération », des bâtiments à l'architecture épurée, grandes baies vitrées et bois exotique, chargés d'extirper le chaland de son canapé. « Autrefois boîtes à vendre, les centres commerciaux tendent à devenir des boîtes à rêves », explique *Le Nouvel Économiste* en janvier 2013.

Philippe Journo, président de la Compagnie de Phalsbourg, l'un des principaux promoteurs commerciaux, détaille sa stratégie pour « accompagner le client » dans *Le Figaro,* en novembre 2014 : « Il faut tout faire pour que les clients se sentent bien, leur rendre la vie plus facile avec des navettes électriques, des jeux pour les enfants, des spectacles aquatiques, un lounge VIP, un parking gratuit, des espaces de qualité, tout en proposant une offre commerciale faite du meilleur de la rue commerçante et du meilleur du *retail park* ».

Les médias locaux raffolent de tant de hardiesse, si l'on se fie aux descriptions publiées le jour de l'inauguration. Tel complexe fait pratiquement figure d'œuvre d'art : tout y est « grand », « pratique », « optimal », « lumineux ». Tel autre « espace innovant » s'est offert « un lifting à faire pâlir les grandes stars du cinéma ». Dans ce monde sans couture, tout est parfait, fluide, un ensemble idéal pour rendre le consommateur heureux et bienveillant.

Des bazars aux hypers

Cette puissance commerciale installée en bordure des villes écrase tout. Mais il n'en a pas toujours été ainsi. Certes, depuis la nuit des temps, les commerçants se regroupent en un même endroit afin d'attirer davantage de clients et de susciter des achats. C'est la logique des bazars orientaux, des halles, couvertes ou non, qui ravitaillent les villes européennes et des marchés qui animent les places de village. Les passages couverts aux verrières ouvragées et les « grands magasins » d'antan, Aux Dames de France, La Belle Jardinière, Félix Potin ou Magasins réunis, obéissaient à la même cohérence.

Jusqu'au XXe siècle, ces lieux de commerce trouvaient place dans la ville, afin d'être accessibles à tous, aussi bien les marchands que les chalands. Mais l'invention, et surtout la banalisation de l'automobile, qui permet de se déplacer plus vite et donc plus loin, ont bouleversé cet équilibre. Les premiers supermarchés entourés de parkings s'implantent sur la côte ouest des États-Unis, dans les années 1930. Dès le départ, on y trouve de tout, du légume frais au vêtement en passant par le carburant. Le libre-service et la vente de grosses quantités forment la base du modèle économique.

En Europe, les premiers supermarchés datent des années 1950 et les premiers hypermarchés isolés s'installent en 1961 sous la bannière du Grand Bazar, dans la banlieue de Bruxelles et à Bruges. En juin 1963, à Sainte-Geneviève-des-Bois, dans la banlieue sud de Paris, Carrefour inaugure un magasin qui reçoit à la fois la bénédiction d'un curé et le parrainage de la jeune écrivaine Françoise Sagan… À l'automne 1969, voici les premiers centres commerciaux, à Parly 2 (Yvelines) et Saint-Laurent-du-Var (Alpes-Maritimes). À l'époque, la forte croissance démographique, dopée par l'accueil des rapatriés d'Algérie, favorise la construction de nouveaux quartiers, notamment des grands ensembles. Depuis, les distributeurs n'ont cessé de gagner des parts de marché, couvrant le territoire de leurs enseignes. Parallèlement, le nombre de magasins ne cesse de baisser. Au nombre de 1,5 million dans les années 1920, le parc est passé à 850 000 près d'un siècle plus tard.

Champions nationaux

La grande distribution pèse aujourd'hui plus de 160 milliards de chiffre d'affaires en France, où elle emploie directement plus de 600 000 salariés. Ce bilan, qui additionne les chiffres d'affaires des principaux distributeurs (Carrefour, Auchan, Casino, Leclerc, Intermarché, Système U), ne tient pas compte des résultats des boutiques installées dans les parcs d'activités ou les galeries commerciales. Il faut également y ajouter la valeur des promoteurs et des sociétés de construction.

Ce secteur d'activité est une industrie florissante fortement financiarisée, qui recourt à l'occasion à l'optimisation fiscale, aux sociétés-écrans ou aux placements risqués. En France, les multinationales du secteur, qu'elles soient cotées en bourse comme Carrefour ou détenues par une famille comme Auchan, sont considérées comme des « champions nationaux », des entreprises performantes et exportatrices destinées à conquérir le monde. Dans le bureau d'un maire comme dans les couloirs d'un ministère, on écoute toujours avec attention les arguments de ce secteur fortement créateur de croissance et d'emplois. Signe de la mainmise de la grande distribution sur le territoire, on aperçoit parfois, flottant au vent, sur un rond-point, au côté des armoiries de la ville et des drapeaux européen et français, un logo Metro, Intermarché ou Ikea.

Et ça marche ! Certes, en France, les consommateurs préfèrent nettement faire leurs courses dans les commerces de proximité plutôt que dans les complexes commerciaux… en tout cas d'après ce qu'ils disent aux instituts de sondage. Parce que dans la vraie vie, les centres commerciaux périphériques remportent tous les suffrages. Une étude réalisée en juillet 2012 par Procos montre que « 62 % du chiffre d'affaires du commerce se réalise en périphérie, contre 25 % en centre-ville et 13 % dans les quartiers ». En Allemagne, toujours selon ce document, les proportions sont les suivantes : 33 % en périphérie, 33 % en centre-ville, 33 % dans les quartiers. Les différences observées dans les deux pays reflètent très exactement la situation des villes. Vivantes et animées en Allemagne, elles sont en déclin et désolées en France. En comparant les deux pays, on remarque que ce n'est pas tant le centre qui, en France, manque de vitalité, mais bien l'ensemble des quartiers de la ville.

Toujours plus haut

Cette machine infernale continue de tourner à plein régime. Selon le cabinet de conseil Cushman & Wakefield, qui vend des services liés à l'immobilier d'entreprise, plus de 2 millions de m² de surface de vente ont été construits en France entre 2006 et 2015, sur 134 sites différents.

Procos a recensé, au 1er janvier 2016, presque 5 millions de m² « en stock », c'est-à-dire devant être construits dans les années qui viennent. Chaque année, peu ou prou, un million de m² sont inaugurés, quelle que soit la conjoncture. Début 2016, la fédération des enseignes a listé les complexes récemment inaugurés ou en cours de finition. Parmi eux, on peut citer Cap Émeraude, 57 000 m² de galerie commerciale à ciel ouvert entourant un Intermarché à Dinard (Ille-et-Vilaine), Les Allées Shopping, 54 000 m² de moyennes et grandes surfaces disposées autour d'un Auchan à Bayonne (Pyrénées-Atlantiques), ou encore Sirius, un centre commercial géant, 32 600 m² de magasins et 1 000 places de parking gratuites, à Margny-lès-Compiègne (Oise).

Christian Dubois, directeur général de la société Cushman & Wakefield, essaie de minimiser l'impact sur le tissu urbain. « Désormais, les créations privilégient le centre-ville », affirme-t-il sans ciller. Las, c'est complètement faux. Au total, d'après les comptages de Procos, 90 % des projets seront situés en périphérie, et seulement 10 % dans le centre. « La périphérie reste l'eldorado, le territoire le plus attractif », souligne Pascal Madry. La raison est financière : les comptes d'exploitation y sont plus favorables qu'en centre-ville. Des procédés comptables permettent en effet aux promoteurs de « faire figurer la valeur de leurs murs commerciaux à l'actif de leur compte de bilan, même s'ils ne perçoivent aucun loyer et que leurs locaux restent vides », souligne Procos. Dès lors, « les centres commerciaux constituent en réalité des produits financiers ; leur localisation ne tient pas compte du potentiel économique des territoires », résume Pascal Madry.

Le consommateur a beau être roi, il n'a que faire de tous ces magasins. Depuis une quinzaine d'années, le parc de surfaces commerciales croît à un rythme plus rapide que celui de la consommation. « [Il] a progressé de 60 % entre 1992 et 2007, passant de 48 millions à 77 millions de m^2, alors que dans le même temps, la consommation n'a progressé que de 36 % », indique Procos. Le rendement du commerce, 4 400 euros par m^2 en moyenne, diminue d'un point par an depuis 1995.

« Quand le chiffre d'affaires se porte mal, certaines enseignes ont tendance à accélérer la croissance de leur parc, afin d'être présentes dans le plus de villes possible », explique Michel Pazoumian, fondateur de Procos. Autrement dit, les enseignes vendent moins, donc elles ouvrent des magasins… Cette stratégie semble toutefois rencontrer des limites. « Plusieurs de nos adhérents sont en redressement judiciaire », poursuit ce spécialiste de l'urbanisme commercial. Les arbres ne montent jamais jusqu'au ciel.

Les ravages de l'urbanisme commercial

Dès les années 1960, non seulement les grandes surfaces modifient la manière de consommer ou d'approvisionner les villes, mais elles remodèlent le paysage urbain en profondeur. L'aménagement du territoire s'enrichit alors d'une nouvelle technique, l'urbanisme commercial. Le géographe René-Paul Desse en donne une définition dans un article intitulé « La fin de l'urbanisme commercial à la française » et publié en 2013 dans *Les Annales de la recherche urbaine* : « Un effort de concertation entre les entreprises et les pouvoirs publics pour un aménagement dont les objectifs sont à la fois le développement commercial et la structuration du tissu urbain. »

Le moins qu'on puisse dire est que cette adaptation à la grande surface a été massive, délibérée, collective. Dans toutes les villes, de la métropole à la bourgade, le territoire s'est adapté aux exigences de la grande distribution et aux modes de vie qui l'accompagnaient. Bientôt, ce ne sont plus seulement des hypermarchés que l'on a construits sur les champs revendus par des agriculteurs à la retraite, mais des entrepôts, des lotissements pavillonnaires, des sièges d'entreprise, des espaces dévolus aux loisirs, des voies rapides et des parkings. La ville, quelle que soit sa morphologie initiale, s'est progressivement réorganisée, non plus autour des centres, mais de nouveaux pôles situés en périphérie. L'activité économique, commerciale, culturelle a quitté le périmètre de la commune centrale. L'hypermobilité que permet la voiture individuelle amène la ville à se dissoudre dans un ensemble plus vaste, une « tache » de quelques dizaines, voire quelques centaines de km^2. La grande distribution accompagne cette nouvelle organisation avec entrain. « La population se développe avant tout en milieu périurbain, voire en milieu rural ; les pôles périphériques bénéficient donc d'une proximité et d'une accessibilité plus directe. Dès lors, les cœurs marchands se rétrécissent et perdent peu à peu de leur commercialité », analyse froidement Stanislas Cebron de Lisle, directeur général de Bérénice pour la ville et le commerce, un cabinet spécialisé dans l'aménagement de projets commerciaux. Ainsi, la ville ressemble désormais à un *donut* ou à une rousquille, ce biscuit catalan recouvert de sucre glace qui comporte un trou au milieu. « La construction de la non-ville » résume l'urbaniste Benjamin Taveau sur son blog.

Décennie après décennie, l'étalement urbain se poursuit. Chaque nouvel habitant, dans un territoire donné, consomme davantage d'espace que ses prédécesseurs. Les conséquences ne se limitent pas, comme on le croit trop souvent, au dommageable grignotage des terres agricoles ou aux tonnes de CO_2 émises par les habitants des pavillons à chaque fois qu'ils prennent le volant. Les effets de cette dislocation sont tout autant économiques et sociaux qu'environnementaux.

On attribue parfois cette évolution à un maléfique complot des bétonneurs, des distributeurs ou des constructeurs automobiles. Bien sûr, chacun de ces secteurs trouve amplement son intérêt. Mais si l'on décompose la ville existante, c'est tout bonnement parce que cela semble la chose la plus simple à faire, la moins coûteuse sur le moment. C'est, au fond, la pente la plus douce.

Ainsi, si les vitrines se vident, ce n'est pas seulement parce que les boutiquiers de la grand-rue oublient parfois de sourire ou que l'animation de la place de l'hôtel de ville fait défaut. Mais cela résulte au moins autant d'une société avide, celle où le « toujours plus » constitue l'unique horizon. Une société dans laquelle la vitesse, l'immédiateté et le droit de consommer sont des ambitions humaines respectables et encouragées, voire des valeurs absolues. Une société qui cède à la facilité de la croissance permanente des biens, des envies, des ventes, des chiffres d'affaires, des possessions et des rentes.

« Les boutiquiers »

Les petits commerçants n'ont pas bonne presse. Ils pestent continûment contre la lourdeur des taxes, la complexité des normes, les difficultés d'embauche, et, à les entendre, ils se font braquer trois jours sur quatre. Ils n'ouvrent pas tous à l'heure du déjeuner et certains restaurateurs refusent même de servir après 21 heures. Ils travaillent bien assez, affirment-ils en maugréant, même si leurs affaires ne sont jamais aussi bonnes qu'autrefois. Individualistes, ils forcent sur les prix et n'hésitent pas à employer épouse et progéniture, naturellement sans les payer, parce que le personnel, ça coûte cher. Libéraux quand ça les arrange, conservateurs le reste du temps, ils sont contre la concurrence sauf lorsqu'ils y gagnent. Le maire, quelle que soit sa couleur politique, aimerait tant se prévaloir du soutien des commerçants, s'ils n'étaient pas si grincheux. En comparaison, le discours aimable et consensuel du représentant formaté d'une grande surface est tellement plus agréable.

Politiquement, les « boutiquiers », comme on dit avec dédain, traînent une funeste réputation. Depuis plusieurs décennies, on associe leur irritabilité au poujadisme, dont ils formèrent le gros des troupes. Aux élections législatives de 1956, emmenés par le papetier Pierre Poujade, 52 députés firent leur entrée à l'Assemblée nationale, avec un programme de défense des « petits », résolument hostile à la bureaucratie, mais aussi aux parlementaires et à tout ce qui pouvait ressembler à un intellectuel. Dans les années 1970, les commerçants s'étaient trouvé un autre avocat problématique, le maire de Tours Jean Royer, « père la pudeur » hostile par principe à l'avortement et à la libération sexuelle.

Et pourtant, les commerçants forment l'ossature de la vie locale, ils assurent une présence, surveillent la ville, la sécurisent sans même s'en rendre compte. Les boutiques créent de l'emploi, leur chiffre d'affaires est rarement financiarisé, leur survie et le joli sourire des vendeurs ne s'inscrivent pas dans le cadre de juteuses opérations de marketing. Des commerces achalandés, au sens véritable de ce mot, c'est-à-dire attirant de nombreux chalands, animent la rue, la font vivre. Sans commerces, la ville n'existe pas.

\ Les commisions passoires

Tout nouvel établissement commercial doit obtenir l'accord d'une commission départementale d'aménagement commercial (CDAC). Cette instance résulte de la loi portant le nom de Jean Royer, ministre du Commerce et de l'Artisanat entre avril 1973 et février 1974. L'État ne pouvait alors ignorer « le petit commerce », ce grand perdant, qui peinait face à la prolifération des surfaces périphériques. Dans les villes de plus de 40 000 habitants, tous les projets commerciaux comportant plus de 1 500 m² de surface devaient donc être approuvés par la CDUC (« U » pour urbanisme). La substitution de la CDUC par une CDEC (« E » pour équipement) en 1993, puis par la CDAC en 2009 n'a pas modifié le principe, même si le seuil maximal de création sans autorisation a évolué au fil du temps. Les décisions des CDAC peuvent être attaquées devant une commission nationale, la CNAC.

Le régime de l'autorisation, disponible sur le site de chaque département, concerne désormais la création ou l'extension d'un commerce d'une surface de plus de 1 500 m², le changement de secteur d'activité, l'extension d'un centre commercial ou la réouverture d'un magasin après une fermeture de trois ans. La liste des établissements qui, par dérogation, ne sont pas soumises à une autorisation préalable souligne les priorités de l'économie contemporaine : « Les regroupements de magasins voisins, sans création de surface supplémentaire, les pharmacies, les commerces de véhicules automobiles ou de motocycles, les stations-services et autres commerces de carburant, les halles et marchés, les magasins de moins de 2 500 m², accessibles avec un billet de transport, situés dans les aéroports et les gares. »

Convoquée par le préfet, une CDAC comporte 11 membres, parmi lesquels 7 élus, représentant la commune, la structure intercommunale, le département et la région, ainsi que des « personnalités qualifiées », comme on dit avec un peu d'emphase. Il s'agit de représentants d'associations, choisis pour incarner les intérêts des consommateurs ou intégrer les notions d'aménagement du territoire et de développement durable.

Autorisations massives

Bon an mal an, d'après la fédération Procos, 80 % des projets sont approuvés par l'instance, au niveau départemental ou national. « Ces commissions continuent d'être des passoires », commente Pascal Madry. René-Paul Desse corrobore, avec davantage de retenue : « L'envolée du nombre de mètres carrés de surfaces commerciales autorisés semble indiquer que le système de régulation a atteint des sommets d'inefficacité. »

Certes, les autorisations ont baissé de 41 % entre 2013 et 2014. Selon Pascal Madry, ce chiffre résulte en partie de l'attentisme face à la crise, mais surtout de « l'expectative des opérateurs ». La loi Pinel de 2014, consacrée à l'artisanat, au commerce et aux très petites entreprises, a en effet modifié l'urbanisme commercial.

Les grandes villes françaises et les principales localités citées dans l'ouvrage

/ En haut : Albi, Tarn. Florian, « lanceur d'alerte », a établi une liste exhaustive des commerces fermés

// En bas : Albi, Tarn. Les enseignes délaissent le centre-ville pour le centre commercial

/ Grenoble, Isère. Des affiches posées sur les devantures témoignent de l'angoisse des commerçants

/ Nogent-sur-Seine, Aube.
Même les agences immobilières sont touchées

/ Poitiers, Vienne.
Triste fin pour ce restaurant de quartier

FRANCE

/ Saint-Nazaire,
Loire-Atlantique.
Ce cinéma, qui a fermé
ses portes en 2001,
s’appelait France

/ En haut : Quimper, Finistère.
Avant la fermeture, la liquidation totale

// En bas : Reims, Marne.
Local à louer en plein centre-ville

/ En haut : Privas, Ardèche. Le temps a passé ; la vitrine sert désormais de support pour les affiches des spectacles

// En bas : Toulon, Var.
La normalité des cellules vides

/ Ci-dessus : Libourne, Gironde.
Ce jour-là, la place était exceptionnellement ouverte au stationnement gratuit

// Ci-contre : Béthune, Pas-de-Calais.
Une partie de la Grand-Place transformée en parking, selon la volonté du maire

CD-140-BH
CD-524-QK

PASSAGE
HELAL
SNACK
PITTA - DURUM - HAMB
LUC
17
GRILL-PAT

/ Ci-dessus : Gembloux, Belgique.
La fin définitive de l'épilation

// Ci-contre : Charleroi, Belgique.
Les villes de Wallonie sont aussi touchées par la dévitalisation

/ Aubagne, Bouches-du-Rhône.
La zone commerciale étend ses griffes

/ Béziers, Hérault. Le « pont des amoureux »
est au centre commercial

/ Saint-Inglevert, Pas-de-Calais.
Étalement pavillonnaire en vue

/ Soissons, Aisne. En pleine zone commerciale, les magasins ferment aussi

La demande du permis de construire a été fusionnée avec celle de l'autorisation d'exploitation commerciale. « Ce système de guichet unique a échaudé les opérateurs, qui ont craint une augmentation des recours contentieux », affirme la fédération des enseignes.

L'histoire de la grande distribution montre que les périodes de ralentissement ne durent jamais bien longtemps. En avril 1993, Édouard Balladur, Premier ministre depuis moins d'un mois, décide le gel temporaire des implantations commerciales en zones rurales. En un an, les autorisations passent soudainement de presque 2 millions de m^2 annuels à moins de 200 000. Trois ans plus tard, la loi Raffarin, du nom de celui qui était alors ministre des PME, abaisse le seuil des autorisations à 300 m^2, contre 1 000 m^2 précédemment. En dépit de cette politique restrictive, le nombre de mètres carrés autorisés bondit à la fin des années 1990 puis au cours des années 2000, jusqu'à dépasser les 3,5 millions annuels de 2005 à 2008 ! Le fameux « gel » de 1993 n'a fait que retarder la surchauffe. Enfin, les distributeurs se passent parfois d'autorisation sans vergogne, comme le raconte Christian Jacquiau dans *Les Coulisses de la grande distribution*.

Pour René-Paul Desse, la liberté presque absolue dont bénéficie le secteur en France remonte à la loi Le Chapelier de 1791. Ce pilier de la Révolution française, surtout connu pour avoir interdit les organisations ouvrières, a institué la libre concurrence et la liberté d'établissement, principes qui n'ont jamais été encadrés. Pourtant, « de nombreuses autres activités sont limitées dans leur développement », constate René-Paul Desse, en particulier les implantations industrielles. Mais « l'organisation du commerce est un sujet tabou », observe-t-il.

Au nom de l'emploi

Lorsqu'un projet arrive en CDAC, il a été préparé de longue date. La grande distribution dispose de ses propres sociétés d'investissement immobilier, chargées de concevoir, de bâtir et de gérer les espaces commerciaux. Carmila pour Carrefour, Mercialys pour Casino ou Immochan pour Auchan élaborent de fines stratégies afin de déterminer le lieu d'implantation du futur complexe. Elles abordent ensuite les décideurs de la région à l'aide de séduisantes maquettes, de promesses de créations d'emplois et de futures recettes de contribution économique territoriale (ex-taxe professionnelle) : « Vous voyez bien que nous croyons au développement de votre ville ! »

Au besoin, les promoteurs s'engagent à financer des aménagements en centre-ville sous la forme d'un « chèque au profit de la municipalité, pour que la dynamique se crée », raconte Francis Palombi, président de la Confédération des commerçants de France. Si nécessaire, ils subventionnent même les unions commerçantes locales, afin de les convaincre de l'indispensable « complémentarité » entre le nouveau complexe périphérique et les charmantes boutiques du centre-ville.

La pression de l'emploi est un argument massue. « Les centres commerciaux exercent la même attraction sur les élus que les usines d'autrefois. Les promoteurs leur promettent des opérations à forte visibilité qui marquent les esprits. Et surtout des emplois, 300 ou 2 000, peu importe le chiffre. Les élus accablés par le chômage de leurs administrés y voient l'unique solution », résume le consultant Franck Gintrand. En pratique, pourtant, les hypermarchés créent moins d'emplois que les petits commerces. « Le commerce de proximité affiche une capacité à créer des emplois plus importante que la grande distribution : on trouve 3,5 à 4,3 plus de postes de travail dans le commerce traditionnel pour la même surface de vente », souligne un rapport de la chambre de commerce de Rhône-Alpes publié en 2008.

La pression ne s'arrête jamais. « C'est une spirale infernale, poursuit Franck Gintrand. Les promoteurs installent dans un premier temps une surface de dimension restreinte. Mais c'est une manière pour eux de mettre le pied dans la porte. Quelques années plus tard, ils reviennent avec un projet plus grand ou réclament une extension pour contrer la création d'une autre zone dans la même agglomération qui leur ferait concurrence. »

Trafics d'influence

Les autorisations s'obtiennent-elles parfois par la corruption ? Christian Jacquiau assurait en 2000 que « pour financer leurs partis ou leurs campagnes, des élus locaux n'ont pas hésité à se laisser corrompre par les grands distributeurs ». Vincent Lecoq, délégué de l'association Anticor dans le sud-est de la France, a recensé « de nombreux cas dans les années 1980 et 1990 », peut-on lire sur le site engagé Bastamag. La loi sur le financement des partis politiques a certes mis fin à certaines pratiques. Mais la situation a-t-elle vraiment changé ? « C'est sûrement moins visible. Mais il y a toujours des marchés bidon, des surfacturations des espaces de pubs… », estime le militant.

En avril 2016, des médias de 80 pays révèlent, le même jour, le scandale des « Panama Papers ». Onze millions et demi de documents issus du cabinet d'avocat panaméen Mossack Fonseca dévoilent l'existence et le fonctionnement de plus de 200 000 sociétés offshore. Au-delà des nombreuses personnalités impliquées, l'affaire démasque le comportement de grandes entreprises connues, ou non, du grand public. C'est le cas d'Apsys, un promoteur immobilier qui fabrique des centres commerciaux ou plutôt, selon la présentation figurant sur son site, « crée des lieux de vie énergisants » mêlant « commerce, nature, ville et loisirs » où l'on peut pratiquer « des activités ludiques spectaculaires » et tester « des restaurants créatifs ».

Or, dans sa série d'articles sur les Panama Papers, *Le Monde* révèle que « plusieurs millions d'euros ont transité par des juridictions offshore pour financer une partie du capital d'Apsys et plusieurs projets de centres commerciaux du groupe ».

Si la corruption n'est pas toujours avérée, les tractations entre le promoteur et les élus sont en revanche monnaie courante. Les collectivités réclament, pour octroyer leur agrément, le financement d'un échangeur ou d'un équipement public. Ou, inversement, selon le rapport de force, le distributeur exige de la collectivité des aménagements onéreux. Un exemple est rapporté par René-Paul Desse : « La collectivité locale Brest Métropole Océane a proposé à Ikea une implantation privilégiée en entrée de ville et une bifurcation de la ligne de tramway de 2 kilomètres. Pour ce faire, la communauté urbaine a dû procéder à une révision du PLU, ces terrains n'étant pas destinés à une activité commerciale. De son côté, le distributeur suédois n'avait pas envisagé une localisation régionale aussi excentrée dans une ville de 200 000 habitants. Ces ultimes propositions ont levé les dernières réticences. »

« Buffalo Grill m'a fait grandir »

Sur le bitume chauffé par le soleil, le monstre d'acier occupe toute la surface de l'écran. Il se dirige lentement vers le spectateur puis oblique au dernier moment vers la droite. À peine l'objet a-t-il disparu qu'un nouvel engin déboule, puis un autre, puis encore un autre. Ça pourrait ne jamais finir. Le grondement permanent des moteurs accentue l'impression de rouleau compresseur. Posée au ras du sol, la caméra filme une route menant à la zone commerciale de Chambray-lès-Tours (Indre-et-Loire).

Pendant que les voitures défilent les unes derrière les autres, un retraité laboure un champ sur son tracteur, juste à côté des enseignes multicolores de marchands de meubles, hôtels de chaînes, restaurants de hamburgers ou rois du prêt-à-porter. Bienvenue dans *Les Décentrés*, un long-métrage du réalisateur Xavier Champagnac.

Contrairement à la première impression du spectateur, le documentaire ne dénonce pas l'étalement urbain, ni la société de consommation, ni les ravages du tout-voiture. La caméra montre, raconte, écoute les employés qui travaillent à Chambray Grand Sud, c'est le nom officiel de la zone commerciale. Un manutentionnaire dans un hypermarché discount, le directeur du Campanile, l'employée chargée du Drive chez Quick, une « hôtesse de caisse » chez Auchan. Car on dit hôtesse de caisse, tout le monde

dit hôtesse de caisse, même Steve, le jeune manutentionnaire qui, avant, était lui aussi « hôtesse de caisse », bégaie-t-il, avant de se reprendre, « hôte de caisse ».
Filmés chacun dans leur travail, puis dans un long plan, immobiles, dans la lumière joyeuse de l'été 2014, les personnages détaillent leurs tâches quotidiennes, leur carrière, leurs ambitions. C'est presque un « docu social », un témoignage sur le monde du travail, aujourd'hui.
Il n'y a pas de regrets dans les images de Xavier Champagnac. Personne ne conteste le modèle. La nourriture servie dans ce restaurant est « exactement la même que dans n'importe quel magasin de la chaîne, à Toulouse ou à Perpignan » ? Peu importe. Cette impression de solitude omniprésente, malgré la foule ? Peu importe. Il faut aller vite, très vite, partout, tout le temps, pour faire les lits de l'hôtel, verser des bonbons multicolores dans le distributeur, servir les clients du Drive, réchauffer un plat, faire la plonge ? C'est comme ça. Les salariés font du mieux qu'ils peuvent, aiment leur métier – qu'ils ont, pour la plupart, choisi. L'agent d'entretien a toujours travaillé dans le secteur du nettoyage. La femme de chambre n'a pas fait d'études, elle est heureuse d'avoir trouvé un travail. Le directeur de l'hôtel Campanile « vit Campa, mange Campa, dort Campa ». La directrice de l'enseigne aux cornes blanches corrobore : « Buffalo Grill m'a fait grandir. »
Dans cet environnement, la voiture est presque un personnage : on y fume, on y écoute de la musique, on y mange, comme en témoignent ces longs plans centrés sur ces quidams qui avalent sandwiches, salades, nuggets à l'avant de leur habitacle, sur fond de spot publicitaire diffusé par la radio.
L'auto, référence suprême : ce meuble, proclame une voix sortie de quelque haut-parleur, « c'est la Mercedes des tables de jardin ». Leroy Merlin a mis à disposition des familles des caddies en forme de voiture, avec un petit volant qui donne à l'enfant l'illusion de conduire le véhicule. L'omniprésence du moteur s'impose, en creux, le dimanche, sur un parking complètement vide où des promeneurs passent à vélo, où un jeune homme effectue des figures avec sa trottinette.

Mais tout ça, c'est normal. La vie, la musique, la fête même, elle est ici, à Chambray Grand Sud. Pas dans le centre-ville de Tours, où, de toute façon, « on ne trouve plus rien à 2 euros », confie, hors caméra, une cliente de la galerie commerçante au réalisateur. Doudou, le poissonnier, lâche le mot qui tue : « Contrairement à l'artisan de centre-ville, moi, je fais de la qualité et de l'ambiance. J'invite les bobos à venir goûter ma sardine. » La guerre est finie. La ville est morte, le centre commercial a gagné. La ville s'est décentrée. Et puis chacun repart, seul, dans sa voiture.

Trop, c'est trop

Le surplus de surfaces commerciales commence à devenir encombrant. « Ici, on a le plus grand centre commercial d'Europe » (ou de France, ou « le plus grand nombre de mètres carrés par habitant »), a-t-on entendu à Carcassonne, Nantes, Toulouse, Calais ou encore Mulhouse… Au fond, peu importe. La France n'abrite-t-elle pas la plus grande densité de surfaces commerciales d'Europe, comme l'indique un rapport du Sénat en 2005 ?

Ces approximations traduisent surtout une montée de l'exaspération. Et l'inquiétude gagne certains élus. Dès 2012, l'Association des communautés de France (AdCF), fédération regroupant les 1 200 structures intercommunales, avertit : « Dans les périphéries des agglomérations grandes et moyennes, la multiplication anarchique des implantations commerciales s'est accompagnée d'une consommation foncière excessive. Les centralités urbaines se fragilisent et le processus de banalisation des paysages d'entrée de ville se poursuit. »

Mickaël Vallet, maire (PS) de Marennes (Charente-Maritime) et président du pays Marennes-Oléron, juge sévèrement ses pairs. En juillet 2015, dans *Sud Ouest*, il analyse la crise des prix dans l'agriculture qui sévit alors : « Si la grande distribution s'est autant étendue, c'est notamment parce que des élus locaux se sont laissé persuader de l'opportunité de modifier leurs plans locaux d'urbanisme, de sacrifier leurs entrées de ville sans tenir compte des impacts paysager ou touristique, et de précariser les emplois. » Il dénonce « les pompiers pyromanes », ceux qui lancent « des déclarations d'amour à la profession agricole » tout en « déroulant le tapis rouge à la grande distribution dans leur commune ». En ligne de mire de cet élu, également, « la mode désastreuse des boulangeries qu'on laisse s'implanter au bord des voies de grand passage, meilleur symbole de ce renoncement des élus locaux à maîtriser l'aménagement des espaces par le commerce ». Car « la baguette de pain du centre-bourg ne nourrit pas seulement au sens propre. Elle alimente aussi la rencontre impromptue, le lien social ».

La déferlante ne laisse plus indifférents les commerçants de centre-ville. Ainsi, à Montpellier, la Fédération des associations de commerçants (Faduc) proteste vigoureusement contre trois programmes de surfaces commerciales projetés respectivement au sud, au nord et au sud-est de la déjà tentaculaire agglomération languedocienne. La structure la plus avancée, « Ode à la mer », comprendrait à terme 200 000 m^2 de surface commerciale, mais aussi des équipements, des bureaux et 6 000 logements le long de l'avenue de la Mer, dont les deux fois deux voies filent, comme son nom l'indique, vers la Méditerranée. « Un coup fatal au commerce de centre-ville », peut-on lire sur le site de la Faduc.

La fronde gagne aussi Le Mans. L'humeur des commerçants, réunis dans l'association Manséa, « s'assombrit à chaque nouveau projet situé en périphérie », pouvait-on lire dans *Les Échos* en novembre 2014. Le quotidien économique mentionnait l'ouverture prochaine d'un « parc » dans la commune de Béner, « au bord de la rocade est de la ville ». Dans la même zone, on attend aussi l'implantation d'un Ikea et d'un Leclerc. Au sud de l'agglomération, l'enseigne Auchan doit doubler sa superficie tandis qu'au nord, « le Parc Manceau va continuer à s'étendre ». Ainsi encerclés, les commerçants du centre-ville demandent grâce.

À Tarbes, les commerçants réclament à l'agglomération une subvention équivalente à celle versée aux nouvelles implantations périphériques.

À Paris, Francis Palombi, président de la Confédération des commerçants de France, se fait le porte-voix des associations locales. « Les pouvoirs publics n'ont pas maîtrisé les implantations en périphérie », regrette-t-il. En mai 2014, Bernard Morvan, président de la Fédération nationale de l'habillement (FNH), a publié un « plan Marshall pour le commerce indépendant de centre-ville » où il réclame le « gel absolu des projets commerciaux en périphérie des villes ».

Dead malls

Le modèle vacillerait-il ? Les friches commerciales se multiplient. Il n'est plus rare de voir des boutiques vides et des stores baissés dans les galeries commerçantes. Selon les études de Procos, qui font figure de marqueur, 7,6 % des galeries marchandes et zones commerciales étaient constituées en 2014 d'espaces vacants, contre 4,6 % en 2012. De plus, souligne la fédération, « le nombre de locaux non exploités pour une durée indéterminée a augmenté de 50 % ces deux dernières années ».

Le magazine *Terra Eco*, qui qualifie les centres commerciaux de « ringards, mais toujours conquérants », rappelle quelques échecs retentissants. Le centre commercial SQY Ouest, à Saint-Quentin-en-Yvelines, ouvert en 2004, s'est ainsi « vidé de ses commerces, à l'exception du cinéma UGC et de quelques restaurants », constate l'hebdomadaire *Les Nouvelles des Yvelines* en janvier 2015. Parmi d'autres conséquences, les souris ont investi les lieux !

Les causes de cette désaffection s'entrecroisent : baisse de fréquentation, transfert de l'activité dans un nouveau complexe à quelques centaines de mètres de là, saturation commerciale. Les images de centres commerciaux abandonnés aux États-Unis, tels des vaisseaux fantômes, sont devenues virales. Pascal Madry dresse un inventaire cartographié des « centres commerciaux en ruine ». Sur le modèle d'un site américain consacré aux friches commerciales, Deadmalls.com, il a repéré, en France, une quarantaine de moyennes ou grandes surfaces fermées.

À Chasseneuil-du-Poitou (Vienne), Allonne (Oise), Lanvallay (Côtes-d'Armor) ou Vaulx-en-Velin (Rhône), les photos parlent d'elles-mêmes : des bâtiments à demi détruits, des herbes folles poussant entre deux plaques disjointes de béton, des détritus amoncelés devant une porte vitrée qui fut coulissante, il y a de cela quelques années…

Camille ou le risque de réputation

Jeunes filles ou jeunes hommes, ils se font tous appeler « Camille », dorment sous la tente, cultivent leurs propres légumes et occupent fermement les lieux, prêts à opposer une résistance plus ou moins pacifique si les forces de l'ordre venaient les déloger. Depuis le début des années 2010, la France s'est familiarisée avec les « zadistes », un néologisme formé à partir de l'acronyme ZAD, « zone d'aménagement différé », devenu « zone à défendre ».

Les zadistes les plus fameux campent dans le bocage de Notre-Dame-des-Landes (Loire-Atlantique), où l'État projette depuis des décennies la construction d'un nouvel aéroport. D'autres ZAD plus ou moins étoffées se sont constituées pour contrer un centre de loisirs (à Roybon, Isère), une retenue d'eau (Sivens, Tarn) ou une autoroute, plus connue sous le nom de « grand contournement ouest », près de Strasbourg.

Ces mouvements s'opposent à des « grands projets inutiles et imposés », comme les appelle France Nature Environnement. Des chantiers immenses ou de taille modeste, qui contribuent tous à transformer les terres agricoles en zones urbanisées. De nouvelles infrastructures qui entraînent systématiquement la création d'équipements secondaires – zones industrielles, commerciales, logistiques ou d'habitations – dans un puissant processus d'étalement urbain. Des militants écologistes ou altermondialistes menacent également de passer à l'action contre de futurs centres commerciaux. C'est le cas du Collectif pour le Triangle de Gonesse, qui affronte le mastodonte EuropaCity, dans le Val-d'Oise, de Bien vivre à Pézenas (Hérault), hostile à un nouveau complexe commercial, de Nos champs pas d'Auchan à Caen, ou du collectif citoyen opposé

au futur « méga centre commercial » Val Tolosa, en Haute-Garonne. Ces associations, ainsi qu'une dizaine d'autres, ont convergé, en juin 2016, dans un collectif baptisé Des Terres pas d'hyper dont le manifeste proclame la volonté de « préserver nos commerces de proximité, la vitalité de nos centres-villes, nos espaces naturels et agricoles périurbains, notre climat, nos emplois, et dénoncer l'optimisation fiscale que nombre de ces grands groupes pratiquent ». Les zadistes, quelle que soit la justesse de leur cause, ne parviennent pas toujours à convaincre l'opinion publique. En juin 2016, lors d'un référendum local, 55 % des électeurs de Loire-Atlantique ont répondu « oui » à la construction de l'aéroport de Notre-Dame-des-Landes. Le périmètre de cette consultation était certes étrange, puisqu'il s'agit d'un projet d'envergure nationale, mais il faut se rendre à l'évidence : les électeurs veulent du béton.
La médiatisation des manifestations, sans parler de l'occupation des lieux, ne fait pas l'affaire des promoteurs, qui préfèrent prospérer discrètement, à l'abri des caméras. La simple menace d'actions militantes, combinées à des recours en justice, peut en effet aboutir à l'abandon du projet. Les entreprises concernées, multinationales cotées en bourse ou groupes bien connus des consommateurs, appréhendent particulièrement un dérapage, des échauffourées, des blessés, voire le décès d'un militant, comme Rémi Fraisse, 21 ans, tué par une grenade à Sivens en octobre 2014. Pour ces grands groupes, les « Camille » font peser sur les résultats trimestriels un « risque de réputation » singulièrement périlleux.

Les moutons et le grand méchant loup

À Montfort-sur-Meu (Ille-et-Vilaine, 7 000 habitants), à 25 kilomètres à l'ouest de Rennes, *Ouest-France* énumère les ouvertures prochaines : « Une jardinerie de 2 500 m², Mr. Bricolage, également sur 2 500 m², Sport 2000, qui déménagera pour un nouveau magasin de 1000 m², et d'autres cellules commerciales proposant habillement ou équipement de la maison, sans oublier la concession Peugeot qui va s'installer face à la zone des Tardivières. » Cela n'émeut aucunement la maire LR de la commune, Delphine David. « Ce parc commercial est une complémentarité par rapport au centre-ville », assure-t-elle. Le président de la structure intercommunale (8 communes, 24 000 habitants), Christophe Martins, renchérit : « Notre volonté est d'éviter l'évasion commerciale. Si nous ne faisons rien, nous serons condamnés. Il est indispensable de proposer une offre la plus large possible à nos habitants. » Et d'ailleurs, concomitamment, Montfort communauté « lance une étude sur les commerces de centre-ville et de centre-bourg » sur l'ensemble du territoire de l'intercommunalité.

À l'image de ces élus, de nombreux maires espèrent toujours sauver les commerces de proximité en installant des concurrents directs en périphérie. La nouvelle zone commerciale contribuerait à un « équilibre », serait « indispensable pour augmenter la zone de chalandise ». Une énorme erreur, une fuite en avant. Non, après avoir effectué des achats à la jardinerie ou au magasin de sport, la plupart des clients ne viendront pas se garer sagement dans le bourg pour effectuer leurs achats alimentaires. Ils se fourniront à la bien nommée « locomotive alimentaire » de la zone.

La martingale de la « montée en gamme »

Et si le centre-ville montait en gamme ? Il faudrait charmer les « bons clients », ceux qui sourient, disent bonjour et consomment, et reléguer les « mauvais », qui se contentent de regarder sans rien acheter, ou pire, qui s'assoient par terre pour se saouler au mauvais vin. Ah, ressembler au centre de Strasbourg ou de Bordeaux ! Transformer, d'un coup de baguette magique, Bourg-en-Bresse en Megève, Saint-Brieuc en Saint-Malo ou Lisieux en Deauville !

Pour répondre à la désaffection de la clientèle, les élus et unions commerçantes déploient une imagination considérable. On installe des bornes wi-fi accessibles gratuitement. On propose aux chalands des circuits en calèche ou des chèques-cadeaux de

10 euros, on prête des parapluies, on lance des concours des plus belles vitrines, on ouvre des pages Facebook « Toute la ville en un clic », on propose aux clients infidèles des cartes de fidélité. Selon la saison, la municipalité planifie dégustations de vins de pays, salons littéraires spécialisés, fêtes médiévales ou marchés de Noël. Le consommateur doit être choyé. Tout ceci contribue à enrichir l'« expérience client », comme disent les spécialistes du marketing. Pour les consultants Olivier Berlioux et Franck Gintrand, qui s'expriment sur le site Slate, ces animations louables « relèvent plus de la psychothérapie de groupe et de l'accompagnement en fin de vie que de la politique volontariste et du traitement de cheval ».

Car la martingale n'existe pas. Ce fantasme de ville fermée, de Saint-Tropez des quatre saisons, fait l'impasse sur la véritable nature de la ville : un écosystème équilibré où se côtoient toutes les fonctions nécessaires à l'urbanité, tous les métiers. Des *makers* et des plombiers, des *gamers* et des retraités, des fleuristes et des caissiers, des Spinaliens ou Ruthéniens « depuis plusieurs générations » et des immigrés de fraîche date, des marchands de prêt-à-porter et des boulangers.

En réalité, par la « montée en gamme », la ville se positionne en rivale des centres commerciaux. En cherchant les « bons clients », elle limite sa vocation au commerce. En outre, la ville fermée, capitale du commerce « haut de gamme », existe déjà. On y arrive en voiture, on se gare sur un « parking paysager ». Puis des cheminements piétons conduisent le chaland sur une vaste place, entourée de boutiques bien agencées. Après les achats, le visiteur s'installe sur une terrasse troublée ni par le bruit de la circulation, ni par les mains tendues des importuns.

La ville « haut de gamme », c'est l'*outlet store* (« magasin d'usine ») de Roppenheim (Bas-Rhin), à proximité d'une quatre voies qui file vers l'Allemagne. Dans ce faux village alsacien, doublé, curieusement, de maisons de style flamand, on trouve des articles vestimentaires à des prix avantageux. Un soin particulier a été porté à l'architecture des bâtiments, qui semblent sortis du XVIIe siècle mais ont été édifiés en 2012.

La même logique prévaut à Nailloux (Haute-Garonne), où les boutiques occupent, non des maisons alsaciennes, mais des masures pastel typiques du Lauragais. Au nord de Paris, entre les pistes de Roissy et celles du Bourget, le groupe Auchan rêve de faire sortir de terre EuropaCity, présenté sur son site comme un « quartier des loisirs », comprenant une « ferme urbaine », un « parc aquatique », une piste de ski, sans oublier des « grands magasins ». Le tout serait disposé autour d'une « place centrale », de « rues piétonnes », d'un « quartier sans voitures » et d'un « parc urbain ».

Ainsi, la vraie ville, le « village » ou le « morceau de ville », comme cela est parfois indiqué sur les brochures en papier glacé, reste la référence absolue des promoteurs. Le programme de la grande distribution consiste tout simplement à détruire la ville existante pour la remplacer par une ville artificielle, assemblée de toutes pièces, vouée au commerce et aux loisirs, sans ses « nuisances ». Tout doit disparaître.

Un jour, on regrettera Vierzon

Plantez-vous à une soirée en plein Paris et lâchez, à la cantonade, « Brive-la-Gaillarde », « Bourg-en-Bresse » ou « Romorantin-Lanthenay ». Marquez une pause, puis essayez « Charleville-Mézières », « Digne-les-Bains », sans oublier le « Vesoul » et le « Vierzon » que Jacques Brel a voulu nous faire voir. La réaction ira de l'étonnement à l'éclat de rire en passant par le sourire entendu. Certains chefs-lieux administratifs, qu'on le veuille ou non, portent dans leur nom même à la fois leur apogée et leur tragédie, de la forteresse médiévale à la préfecture déclassée d'une province oubliée. Mais que préfère-t-on ? Des villes qui racontent la géographie et l'histoire, voire, comme Salers ou Charolles, des promesses gastronomiques ? Ou des appellations choisies par une agence de *brand naming* chargée d'affubler les marques de noms « qui sonnent bien » ? Voyez comment on baptise les nouveaux complexes : « Waves », « Atoll », « Carré d'or », « Oz », « Oxylane », « Ode à la mer », « Atlantisud », « L'Heure tranquille »...

Des termes censés évoquer, au gré des fantaisies, une promenade en forêt, un massage relaxant ou des vacances en Polynésie, mais qui renvoient brutalement au ravitaillement stressant du samedi après-midi ou aux courses de Noël dans la sueur et l'énervement. Un jour, on regrettera « Vierzon » et « Brive-la-Gaillarde ».

Les mauvaises recettes du FN

« On est chez nous ! On est chez nous ! » Le slogan, scandé en toutes circonstances, fait figure de ralliement pour les militants du Front national. Dans la douzaine de villes dirigées par le parti des Le Pen, le slogan a même valeur de programme. À Béziers (Hérault), Beaucaire (Gard), Fréjus (Var), Hénin-Beaumont (Pas-de-Calais), Mantes-la-Ville (Yvelines), Villers-Cotterêts (Aisne) ou Hayange (Moselle), les « ghettos ethniques » suscitent de nombreux fantasmes. La dégradation des villes, combinée à la gestion hésitante des maires sortants, a beaucoup joué dans l'élection des maires FN en mars 2014.

Ces villes présentent le point commun d'être particulièrement touchées par la crise urbaine. Le taux de vacance commerciale y est élevé. Et dans les rues autrefois commerçantes, les seuls pas de porte encore occupés ont été loués à de jeunes entrepreneurs d'origine maghrébine qui se lancent dans un commerce présenté comme facile, le kebab ou le taxiphone.

Toutefois, depuis leur élection, les maires FN sont invités à la discrétion. « Marine Le Pen nous a dit : "Gérez avec bon sens, en bons pères de famille. Vous n'êtes pas là pour faire les zozos" », confie au *Monde* Cyril Nauth, maire de Mantes-la-Ville (Yvelines), en mars 2016. Cette gestion prudente, voire plan-plan, est à l'opposé des mesures à caractère idéologique prises dans les villes administrées par le même parti dans les années 1990. « Quand on parle attractivité, centre culturel ou boîte de nuit, ce n'est pas de droite ou de gauche », corrobore David Rachline, sénateur et maire de Fréjus, dans le même article du *Monde*.

Mais partout, le thème identitaire émerge. Puisque le déclin de la ville a été au centre de leur campagne, les maires espèrent relancer le commerce en ville et s'en prennent verbalement à la grande distribution, comme l'édile de Béziers, Robert Ménard. Toutefois, les rares mesures effectives prises par les municipalités FN reposent sur les deux grandes obsessions de l'extrême-droite, le retour à un passé glorieux et le rejet des « gens qui ne sont pas d'ici ».

Le FN s'offusque de l'installation de kebabs dans les cœurs historiques, les accusant de multiples maux : remplacement des commerces traditionnels, nuisances sonores, voire blanchiment d'argent. À Beaucaire, affirmait le maire Julien Sanchez durant la campagne électorale de 2014, « la ville n'a plus grand-chose de provençal » et « ressemble à un souk ». À Perpignan, le candidat Louis Alliot, compagnon de Marine Le Pen, finalement battu, évoquait la « kebabisation » du centre-ville. À Béziers, le maire Robert Ménard prétend « protéger la ville » contre les kebabs : « Regardez si elle est belle, la ville. Il y a la cathédrale pas très loin », lâche-t-il à des journalistes qui l'accompagnent dans une visite du centre.

Dans le 7e secteur de Marseille, dirigé par le sénateur Stéphane Ravier, on interdit aux agents municipaux de parler une autre langue que le français. L'« étranger », ainsi que l'on désigne toute personne d'origine arabe, africaine ou asiatique, devient le bouc émissaire, celui dont on ne veut plus, pour que la ville redevienne « comme avant ».

Le maire d'Hayange, Fabien Engelmann, a fait fermer une boucherie halal le dimanche et veut reléguer les commerçants maghrébins du marché dans « une zone plus discrète ». Il se plaît à organiser une « fête du cochon » où la population est invitée à « découvrir les métiers d'antan ».

Toujours à Hayange, en juillet 2014, le maire s'en prend à une fontaine, une œuvre du sculpteur Alain Mila installée près de l'église Saint-Martin, dans le centre de la ville. La fontaine, « que tout le monde trouve affreuse », selon le maire, est repeinte en bleu marine, ce qui ne manque pas de déclencher une délicieuse polémique dans les milieux culturels. « On a une ville assez lugubre, sinistre, on a voulu l'égayer. On a repeint le fond en bleu piscine, le reste en bleu turquoise », explique Fabien Engelmann, qui annonce préférer « une fontaine de style ancien ». L'œuvre sera finalement décapée.

Cette obsession passéiste, victorienne, voire moyenâgeuse, se retrouve dans plusieurs autres décisions du maire de Béziers, comme ces blouses portant le blason de la ville offertes aux écoliers, la grand-messe rétablie avant la feria ou encore la fête foraine « style 1900 », « avec habits et ambiance d'époque », rapporte *Le Monde*. Une ville se jugerait d'abord à son image, comme lorsque le couple Bruno et Catherine Mégret, entre 1997 et 2002, voulait rebaptiser Vitrolles (Bouches-du-Rhône) en «Vitrolles-en-Provence ».

CHAPITRE 5

On ne peut plus se garer !

« Monsieur le maire, on ne peut plus se garer. » Sur les places, dans les boutiques, dans les salles d'attente des professions libérales, une remarque se fait entendre, lancinante : « Comment voulez-vous que les gens viennent ; ils ne trouvent pas de place. » Avec un mélange de fatalisme et d'agacement, l'élu convient alors que le stationnement manque parfois dans le centre-ville. Et la discussion s'arrête là.

Ainsi, il serait naturel et presque souhaitable, dans une ville moyenne, de se déplacer en voiture individuelle pour tous les trajets. Il faudrait se pencher sur les tribulations subies par le consommateur automobiliste et lui offrir un confort idéal, aussi bien en matière de déplacement que de stationnement.

Les transports, les déplacements, la mobilité, peu importe le nom que l'on donne à cette activité, occupent une place importante dans nos vies. Nous nous déplaçons presque tous, presque tous les jours. Ces mouvements incessants ont des conséquences considérables sur nos vies, mais aussi sur la société, son économie, l'environnement, la répartition des richesses, l'organisation du territoire. Il est impossible d'analyser un phénomène contemporain sans se poser la question des déplacements. C'est vrai pour de nombreux événements, l'afflux des réfugiés, la menace terroriste, le dérèglement climatique, les dysfonctionnements du marché du travail, et *a fortiori* pour la crise urbaine, qui contient une forte dimension territoriale.

Or, cet aspect est généralement ignoré, oublié, passé sous silence. Ceux qui se penchent sur la ville, qu'ils soient élus, aménageurs, chercheurs ou représentants des commerçants, se contentent de constater l'omniprésence de la voiture et son caractère indispensable. Le mot « voiture » n'est d'ailleurs même pas prononcé. Dans une ville moyenne, entend-on, « les gens bougent sans cesse, pour travailler, faire les courses, les loisirs ». Oui, mais comment ? « C'est à deux pas. » Deux pas, très bien, mais par quel moyen de transport ? On construit un nouveau centre commercial « à l'entrée du centre-ville ». Soit, mais que signifie le mot « entrée », et comment s'y rend-on ? Les marchandises sont acheminées « en temps réel ». Sans doute, mais de quelle manière, avec quelle énergie ?

Ainsi, la plupart des observateurs ignorent la variable transport. C'est le point aveugle de tous les raisonnements, celui qui se trouve juste en face des yeux mais que personne ne peut, ou ne veut voir. Et si on regardait différemment ?

Il est non seulement instructif, mais indispensable, d'examiner un territoire sous des angles inusuels qui concernent tous les habitants et, partant, modèlent la géographie. L'architecte britannique Carolyn Steel scrute la ville à travers le prisme de l'alimentation dans son livre *Ville affamée*. De quelle manière les habitants se nourrissent, d'où vient la nourriture, où a-t-elle été produite, comment est-elle transportée ? Comme le constate l'auteure, la production et l'acheminement des aliments ont, de tous temps, nécessité des infrastructures, réorganisé des quartiers, façonné l'urbanisme. La Halle au vin, la place du Marché au blé ou la rue des Poissonniers en constituent, encore aujourd'hui, les symboles toponymiques. Et l'agribusiness façonne à la fois nos corps, nos esprits et nos villes. On pourrait aussi regarder la ville selon l'angle des déchets : comment évacue-t-on les poubelles, où vont les ordures, sont-elles recyclées, brûlées, amassées ? Ou sous la perspective de l'énergie : d'où vient-elle, combien coûte-t-elle ?

\ Au nom des vitrines vides

En juin 2015, les élus de Brest Métropole, 206 000 habitants, organisent des « Assises du commerce métropolitain » visant à « redynamiser le cœur commerçant ». À la fin des débats, devant un parterre de détaillants et d'artisans, le vice-président (PS) en charge du commerce annonce quelques mesures destinées à combattre cette « crise structurelle comme nous n'en avons jamais connue ». Parmi les décisions figure la gratuité du stationnement le samedi jusqu'à 14 heures, au lieu de 1,60 euro l'heure. Survient alors une salve d'applaudissements inattendue. Manifestement, les commerçants ne demandaient que ça.

Brest n'est pas une exception. Dans la plupart des villes moyennes, les déplacements motorisés sont considérés comme indispensables à l'animation. De fait, pour un commerce, la zone de chalandise et l'accessibilité sont, à qualité de service égale, les deux clefs du succès. Plus une zone est peuplée, plus l'accès est facile, meilleures seront les affaires. De plus, en apparence, la plupart des clients sont motorisés. En France, 73 % des trajets entre le domicile et le travail sont effectués en voiture individuelle. Ces déplacements quotidiens, liés à l'emploi, constituent moins de la moitié des trajets, mais ils sont structurants. Ils induisent l'essentiel des autres mouvements, démarches administratives, relations sociales, et bien sûr, loisirs et achats. En dehors de l'Île-de-France, pas moins de 80 % de la totalité des déplacements ont recours à la voiture individuelle. Cette proportion est à peine moins élevée en zone urbaine : 78 %. Pour les consultants Olivier Berlioux et Franck Gintrand, qui s'expriment sur Slate, « la majorité des déplacements liés aux achats sont et continueront quoi qu'il advienne d'être réalisés en voiture ».

Jamais sans ma voiture

Ainsi, trois idées sont fortement ancrées. Tout le monde aurait une voiture. La plupart des déplacements s'effectueraient ainsi, notamment pour les achats. Et cette situation serait immuable. Comme le rapporte le consultant Bruno Marzloff suite à un colloque le 30 juin 2015, la logique qui domine est celle du « "*No parking visible, no business*". La dépendance du commerce à la voiture est totale, et on l'admet, du moins en France ».

Le raisonnement semble implacable. Comme le montrent les statistiques de l'Insee et les cartes de DataFrance, les ménages les plus riches, considérés comme les meilleurs acheteurs, vivent désormais dans la première couronne : à Puygouzon davantage qu'à Albi, à Chauray plus qu'à Niort, à Olivet et moins à Orléans. Et ils se déplacent en voiture. Par ailleurs, le confortable volume d'une berline, sans parler de la capacité du coffre, témoigne, dans l'imaginaire collectif, du remarquable niveau de vie de son propriétaire. Voilà qui rassure. À l'inverse, comment prendre au sérieux ces clients sans voiture ? Sans parler des rares habitants des villes moyennes se déplaçant à vélo : des cyclistes réputés nécessiteux et radins, et toisés avec condescendance.

La motorisation des ménages et l'usage de la voiture individuelle ont crû considérablement depuis les années 1950. L'automobile, faut-il le rappeler, est une invention formidable. Sans autre mouvement qu'une pression du pied, n'importe quel adulte, forme d'athlète ou démarche de grabataire, se propulse à une vitesse très élevée. L'automobile a libéré la femme et l'homme, brisé des carcans, élargi des marchés, ouvert des opportunités, favorisé la révolution sexuelle et l'accès à la culture. Changé la vie.

Nous rêvons tous de téléportation, de nous déplacer d'un simple claquement de doigt, nous envoler à l'autre bout de la ville ou de la planète, assis dans un fauteuil confortable, en aussi peu de temps qu'il ne faut pour l'écrire. Or, la téléportation existe ! Elle consiste à se glisser prestement dans son véhicule et à tourner la clef de contact. On se dirige où l'on veut, à une vitesse bien supérieure à la plupart de ses besoins, sans fournir aucun effort physique, sans avoir à présenter un ticket à un contrôleur, sans risquer de voyager debout. La voiture enchante, subjugue. C'est un tapis volant, un salon roulant, un objet facile.

Les publicitaires savent à merveille magnifier ce plaisir que l'on ressent au poste de pilotage lorsque nul obstacle ne se dresse devant soi. Au volant, on maîtrise un outil magique pour lequel l'espace public a été dessiné. Guidé par la voix sucrée du GPS, on avance comme on veut, quitte à fulminer contre les obstacles, fixes ou mouvants – feu rouge, stop, rétrécissement, changement de revêtement, autres véhicules, cyclistes, piétons qui traversent inopinément.

L'habitacle procure un sentiment de sécurité, est un prolongement du domicile, une carapace qui protège des intempéries comme des vicissitudes de la vie. En d'autres termes, une voiture ne tient pas seulement lieu de caddie, mais aussi, tour à tour, de parapluie, fumoir, bouclier, salon, karaoké, sac à main, dressing, etc.

L'industrie automobile et ses sous-traitants dépensent des sommes folles pour parfaire le sentiment de téléportation. Le guidage automatique, le contrôle de la vitesse, le choix de la température intérieure, et bientôt cette voiture fantastique qui se déplacera toute seule.

La Grand-Place de Béthune, les pistes cyclables de Thionville

Depuis le début du XXIe siècle, les pouvoirs publics cherchent toutefois à limiter les conséquences de la surmotorisation de la société, à commencer par l'insécurité routière, les émissions de gaz à effet de serre et la pollution aux particules fines. On croyait cette tendance irréversible, y compris en France.

Mais après les élections municipales de mars 2014, de nombreux maires ont voulu remettre la voiture au centre de leur politique de mobilité. La première salve est venue de Béthune (Pas-de-Calais). En avril 2014, quelques jours après son élection, le maire Olivier Gacquerre (UDI) annonce que l'on pourra de nouveau circuler autour de la Grand-Place et stationner sur une partie de celle-ci. Le maire, alors âgé de 37 ans, se justifie avec des mots qu'on croit tout droit sortis des années 1970 : « Il faut vivre dans son temps. L'automobile ne va pas disparaître. C'est une liberté, une mobilité ! »

La Grand-Place de Béthune, piétonne depuis une vingtaine d'années, est un lieu prestigieux. Sur ses abords ont été bâtis l'hôtel de ville et le beffroi, c'est là que se tiennent le marché hebdomadaire ou les événements exceptionnels, concerts, arrivées de marathon ou célébrations de victoires sportives. Les belles façades de briques, garnies de pierres de taille et surmontées de toits très pentus comme on en trouve dans toute la Flandre, reflètent la prospérité passée de la cité. Aujourd'hui, des restaurants ont installé des terrasses, les banques y ont leur succursale et les grandes marques se battent pour y bénéficier d'une boutique en vue. Et c'est ce magnifique endroit que le maire veut transformer en parking. Le stationnement ne manque pourtant pas à Béthune. Toutes les jolies places de la ville sont recouvertes de voitures garées. À 500 mètres de la Grand-Place, la place du Général-de-Gaulle, une large esplanade, offre des centaines de stationnements gratuits. Et dans un rayon de moins de 100 mètres autour du beffroi, il se trouve pas moins de trois parkings souterrains.

Quelques semaines plus tard, au mois de mai 2014, on apprend la destruction, à Thionville (Moselle), d'une piste cyclable bidirectionnelle située dans une rue du centre-ville. Un cliché pris ce jour-là montre un employé, tee-shirt noir sous un gilet de sécurité orange, les deux mains arrimées à une grosse grignoteuse à moteur louée chez Kiloutou. En avançant peu à peu, dans un vacarme infernal, la machine supprime les bordures des pistes cyclables. Le lendemain, la largeur des deux pistes, une dans chaque sens, soit trois mètres environ, est rendue à la circulation automobile. La suppression coûte 35 000 euros, qui s'ajoutent aux 50 000 euros dépensés trois ans plus tôt pour créer cet aménagement.

Cette destruction s'inscrivait pleinement dans la stratégie de la nouvelle maire, la députée LR Anne Grommerch (décédée en avril 2016). Son programme électoral affichait la volonté de « récupérer du stationnement et une fluidité de circulation » afin de stimuler le commerce. Mais l'élue affirmait que ce réaménagement précédait en réalité la création d'un véritable réseau cyclable, « mieux structuré ».

« En finir avec le piéton roi »

Après Béthune et Thionville, d'autres municipalités suivent. Auray (Morbihan) annonce la suppression de sa zone piétonne, qui existait depuis 2007. À Roubaix, comme à Béthune dans la même région, on installe un parking dans un coin de la Grand-Place, même « si les autres parkings de l'hyper centre-ville ne font pas le plein », remarque *Nord Éclair* en décembre 2014. À Dole (Jura), le plan de déplacement qui devait « donner davantage de place aux modes de déplacement doux et aux piétons » est suspendu. À Pau, François Bayrou (Modem) revoit le plan de circulation, ce qui a pour conséquence, à l'été 2015, le rétrécissement d'une piste cyclable sur un pont franchissant le Gave. À Saint-Étienne, des piétons qui traversent « hors des clous » sont verbalisés. L'avocat Rémy Josseaume, président de l'Automobile-Club des avocats, s'en réjouit dans *Le Figaro* : « Il faut en finir avec le piéton roi ! »

Les transports en commun sont également priés de céder la place à la voiture. À Belfort, où le conseil général avait patiemment construit un réseau performant de transports publics, le maire (LR) Damien Meslot, 49 ans, décide de rouvrir à la circulation automobile certaines voies dédiées aux bus. À Laon, en 2016, la municipalité décide d'en finir avec le « Poma », un funiculaire qui desservait la ville haute depuis 1989. Au nom du commerce, de nombreuses villes décrètent, comme à Brest, la gratuité du stationnement le samedi matin, ce qui revient à offrir à la voiture un espace rare, et donc en principe cher.

Cette tendance concerne des villes importantes, comme Amiens, Angers ou Reims, des préfectures départementales, telles Chambéry ou Montauban, des localités d'Île-de-France, comme

Poissy, Melun, Clamart ou Asnières, et même certaines grandes villes. Le vice-président de Lille Métropole en charge des transports, Gérald Darmanin (LR), nouveau maire de Tourcoing, bataille contre ses propres services pour étendre la gratuité du stationnement. À l'autre bout du pays, dès son arrivée au Capitole, le maire de Toulouse Jean-Luc Moudenc (LR) abaisse le prix du stationnement dans les parkings concédés. Au fil de diverses interviews données à *La Dépêche du Midi*, Jean-Michel Lattes, président de la commission en charge des transports à Toulouse Métropole, use d'une étrange rhétorique : « On n'est plus dans la sacralisation du vélo », « restaurer un accès normal de la voiture à la ville constitue un simple rééquilibrage », ou encore « le tout-piéton ou le tout-vélo posent des problèmes aussi forts que le tout-voiture d'autrefois, dont nous ne voulons plus ». Et tant pis si, à Toulouse, seuls 4 % des trajets se font à vélo. On est bien loin du « tout-vélo »...

Pendant ce temps, à Grenoble, la chambre de commerce et d'industrie, la chambre des métiers et les commerçants rassemblés sous la bannière d'un collectif Label ville protestent contre un projet d'« autoroutes à vélo » imaginé par le maire Éric Piolle (EELV). En ville, des dizaines de commerces arborent une affiche violette sur laquelle s'inscrit, en lettres jaunes et blanches, la « chronique d'une mort annoncée », celle des « commerces grenoblois ». Tandis que l'opposition municipale (LR) s'oppose à « des projets de circulation tout-vélo », le collectif exige que « la ville reste accessible au consommateur ».

Les pauvres pouvoirs du maire

On ne saurait résumer les décisions de ces élus à un simple adoubement de la voiture individuelle, ni même à des considérations électoralistes. Dans les villes moyennes, les déplacements font rarement l'objet d'un débat politique. Il est considéré comme acquis que « tout le monde a une voiture ». Les transports publics ne sont utilisés que pour 5 ou 10 % des trajets, notamment par des ménages pauvres et réputés mauvais consommateurs. On peut passer toute sa vie à Soissons ou à Aubagne sans jamais monter dans un bus municipal. Dans les petites villes, « transports » se dit tout bonnement « circulation ».

Alors que les dotations de l'État s'amenuisent, les nouvelles équipes sont tentées de réduire drastiquement le budget consacré aux transports, comme elles le font sans barguigner pour d'autres dépenses jugées accessoires – la troupe de théâtre ou les subventions aux associations environnementalistes.

Dès lors, lorsque les commerçants réclament des facilités de circulation et de stationnement, il ne se trouve pas grand monde, localement, pour s'y opposer. En outre, en s'installant à l'hôtel de ville, un nouveau maire rêve de donner des gages à ses électeurs, leur assurer qu'ils n'ont pas voté en vain, sur le mode : « Vous avez voulu du changement, le voici. » Mais dans la vraie vie, le maire est un peu dépourvu. Tout d'abord parce qu'une partie non négligeable des pouvoirs effectifs revient à la structure intercommunale. Ensuite, l'impact de son action demeure limité. Pour lutter contre le chômage, le maire est pratiquement impuissant, sauf s'il embauche de nouveaux employés municipaux… ou crée de nouvelles zones commerciales. Sur le plan de la sécurité, les résultats dépendront davantage de la forme de l'urbanisme que des mesures sécuritaires. En matière de logement, l'action prend des années et demande un énorme travail de concertation. Enfin, la réalisation de transports publics se conçoit à l'échelle d'un mandat, exige un budget conséquent et « ne rapporte pas une seule voix », constate, désabusé, Alain Wacheux, maire de Bruay-la-Buissière (Pas-de-Calais).

Restent la circulation et le stationnement. Des sujets en or. Une matière qui délie les langues au comptoir des bistrots, dans la file d'attente des supermarchés et le dimanche midi, entre la poire et le fromage. Et qui met tout le monde d'accord : il faudrait pouvoir se garer en bas de chez soi, ou en face du magasin, gratuitement, à tout instant, et aussi longtemps que possible. En voilà une aubaine, enfin une solution simple ! « Si ça vous fait plaisir, franchement, ça ne coûte pas très cher », lançait, dans un tout autre contexte, Nicolas Sarkozy, alors candidat à la tête de l'UMP, à l'automne 2014.

Une bien timide « éradication »

Au total, en 2014 et 2015, selon les calculs du Groupement des autorités responsables des transports (Gart), plus de 30 villes ont remis en cause ce que les spécialistes appellent la « mobilité durable ». Pourtant, dans toutes les villes de France, imitant les pays d'Europe du Nord-Ouest, on ne jurait plus que par les transports « doux » ou « actifs ». Le « développement durable » avait imposé sa mesure, au nom de la « lutte contre le réchauffement climatique ». Sur les différents supports de communication de la municipalité, on se félicitait des bienfaits pour la planète.

L'impératif de sécurité routière commandait, de son côté, des limites de vitesse. L'histoire était en marche. Bientôt, croyait-on savoir, la voiture serait un objet ringard, l'apanage du vieux beau dépassé ou du prolétaire ignorant. Les constructeurs automobiles se tordaient déjà les mains, contrits. Ils promettaient de faire dans le « propre », dans l'« intelligent », ils assuraient que l'heure serait bientôt aux véhicules conçus pour l'autopartage ou équipés pour le covoiturage.

Mais ces discours n'étaient qu'illusion. Car, pour parler de « retour de la voiture », encore eût-il fallu qu'elle disparût effectivement. Personne n'a jamais souhaité « éradiquer la voiture », selon l'expression consacrée. Le terme « éradication » évoque une opération violente, rapide, franche, prêtée aux élus écologistes et, plus globalement, aux municipalités de gauche. Or, cette vision de la voiture « éradiquée » est largement construite. Certes, dans les grandes métropoles, depuis 1990, on a généralisé le stationnement payant. Le tramway, parfois un bus « à haut niveau de service », est devenu tendance. Vers 2010, on ne jurait que par le vélo en libre-service.

En pratique, ces politiques ont surtout été menées dans les cœurs des métropoles congestionnées et polluées, avec l'assentiment des opérateurs de transport et du secteur du bâtiment et des travaux publics. Il a suffi de quelques actions emblématiques, la réhabilitation des berges du Rhône à Lyon, une zone à trafic limité dans le centre de Nantes, pour en déduire que, partout, on faisait la guerre à la voiture. Il n'en est rien. Au moment où la capitale transformait ses voies sur berges en Paris Plages pendant quatre semaines estivales, au moment où Strasbourg ou Grenoble multipliaient les lignes de tramway, on continuait à construire, dans toute la France, des zones commerciales géantes, des multiplexes décentrés, des entrepôts de plain-pied. Dans les quartiers anciens comme dans les territoires périphériques, les maires des villes moyennes, devenus présidents d'agglomération, continuaient à bétonner allègrement. Et à exiger des services de l'État ou des grands distributeurs, la construction de rocades, d'échangeurs, de pénétrantes chargées de « désenclaver ».

Dans la plupart des préfectures départementales, on s'est contenté de piétonniser une ou deux rues commerçantes, et d'en soustraire une ou deux autres au stationnement gratuit. Les maires des années 2010, majoritairement à gauche, affichaient la volonté d'imiter Bertrand Delanoë ou Gérard Collomb, leurs homologues de Paris et Lyon, mais seulement sur la place du marché.

La « méchante droite » et la « gentille gauche »

Dès 2014, des élus écologistes ou socialistes se sont émus de voir « la droite » rétablir le pouvoir de l'automobile. Certes, la plupart des villes qui réhabilitent la voiture individuelle ont été conquises par LR (ex-UMP) et l'UDI. La droite, bras armé de l'automobile, contre la gauche, qui défendrait les usagers des transports publics, les piétons et les cyclistes ?

Ce n'est pas aussi simple. D'abord, parce que les anciens maires de gauche, qui s'enorgueillissent aujourd'hui d'avoir eu « le courage politique » de s'en prendre à la voiture, ont mené des actions assez limitées lorsqu'ils étaient aux affaires. Ensuite, parce que certains maires PS, à Brest ou à Foix, par exemple, emboîtent le pas à leurs collègues LR. *A contrario*, Bordeaux, Nice, Nancy, Troyes ou Arras, voire Marseille, toutes ancrées à droite depuis de longues décennies, continuent à limiter l'espace alloué à la voiture.

C'est d'ailleurs la philosophie défendue par le Gart, présidé depuis septembre 2014 par le sénateur Louis Nègre, maire (LR) de Cagnes-sur-Mer (Alpes-Maritimes). Les collectivités ont investi des milliards d'euros dans des tramways, bus, systèmes de vélos partagés et ne souhaitent pas revenir en arrière. Enfin, le « retour de la voiture », promis aux unions commerçantes, demeure, lui aussi, symbolique : deux heures de stationnement gratuit par-ci, une rue rouverte à la circulation par-là, quelques centaines de mètres de piste cyclable supprimées ailleurs.

\ La mort par étouffement

Écoutons le diagnostic des habitants : « Le problème, c'est qu'ici, les gens vont à l'hypermarché au lieu de faire leurs courses en ville. » Dans cette phrase, il se trouve un terme en apparence anodin, mais en réalité primordial : « vont », le verbe « aller ». Donc, les gens « vont » à l'hypermarché. Mais comment y vont-ils donc ? Quel moyen de transport utilisent-ils pour se rendre dans le temple de la consommation plutôt que dans le magasin qui se trouve dans leur quartier ? La réponse, on la connaît : quand les gens « vont », en fait, ils conduisent.

De nos jours, les distances ne signifient plus grand-chose. « Ce samedi, je vais faire des courses à Marseille » peut vouloir dire, aussi bien, baguenauder rue Paradis ou passer deux heures au centre commercial de Plan de campagne, à 15 kilomètres de la Canebière.

La motorisation provoque une confusion des échelles. Les adverbes et locutions « près », « à côté », « loin », ne signifient pas la même chose selon qu'on se déplace avec un moteur ou sans.

« Au cœur de la grande région » ou « au centre de l'agglomération » désignent bien souvent « en pleine campagne, à 10 km des centres urbains ». Les agents immobiliers, comme tout le monde, ont pris l'habitude de communiquer en minutes, et non en kilomètres : « Votre terrain à bâtir à seulement 5 minutes des commerces. » On peut même habiter à quelques kilomètres d'une préfecture de 50 000 habitants, profiter régulièrement de tous les services générés par cette proximité (les géographes disent « aménités »), et ne jamais mettre les pieds sur la place de l'hôtel de ville.

Le commerce de proximité se trompe lorsqu'il mise sur un usage rationnel de la voiture individuelle. Tous les commerçants, ainsi que les chambres de commerce ou les élus, rêvent de cette famille tranquille et heureuse qui stationne sagement son véhicule sur un emplacement légal avant d'aller faire ses courses, remplir le coffre de victuailles et de gros paquets, puis repartir sereinement vers la proche périphérie ! Las, cette image de voiture-caddie méconnaît l'utilisation réelle de l'objet. Dans la vraie vie, quand on se met au volant, on ne se soucie pas de la survie du commerce local.

L'hypermobilité motorisée permanente entraîne en revanche des nuisances considérables qui finissent par corroder, avilir, disloquer le territoire. Les premières études révélant les impacts de la voiture sur le milieu urbain datent des années 1960 ou 1970, souligne Frédéric Héran dans *La Ville morcelée,* un ouvrage consacré aux « effets de coupure en milieu urbain ». « Les choses en sont venues à ce point que tous les services urbains dépendent étroitement de la circulation automobile. Celle-ci prend à la fois aux habitants des banlieues le temps et l'espace. Il en résulte des sentiments de frustration et des accès de mauvaise humeur car, sous le beau prétexte d'augmenter la vitesse de circulation, on ne parvient en fait qu'à la ralentir, à rendre les rencontres plus difficiles en dispersant dans un vaste secteur régional les fragments épars de la cité », observait l'historien américain Lewis Mumford, spécialisé dans l'histoire de la technologie, en… 1961.

Pour comprendre à quoi ressemble une ville entièrement dominée par la voiture, on peut certes s'envoler pour Atlanta, Beyrouth ou Shanghai. On peut aussi se contenter de traverser Saint-Nazaire ou Bar-le-Duc un mardi après-midi. L'usager repérera au moins six nuisances qui ne lui donneront sans doute pas envie de rester très longtemps.

Vacarme motorisé

Moteurs qui ronronnent, changements de vitesse, frottement incessant du caoutchouc sur le bitume, quelques coups d'avertisseur, une portière qui claque. Et parfois un étrange silence, vite troublé par l'arrivée au loin d'un engin. Écouter la ville, de nos jours, dans un « quartier tranquille » de Périgueux ou de Poitiers, cela revient à écouter les moteurs. À l'oreille, on distingue un carrefour fluide, bourdonnements et bruissements, d'un carrefour embouteillé, klaxons et crissements. L'ouïe repère aussi l'état de la chaussée, sèche, humide ou trempée. Isolé, un moteur ne fait d'ailleurs pas énormément de bruit. Les constructeurs se sont donné du mal, le souffle des machines a été lissé. Ce qui frappe, en revanche, dans ce même quartier tranquille, c'est l'absence des voix humaines. Une discussion un peu vive, un cri, un air de musique, voire des jeux d'enfants, apparaissent comme des incongruités.

Les effets du bruit sur la santé sont étudiés. En Île-de-France, une étude conjointe de Bruitparif, l'association francilienne d'évaluation des nuisances sonores, et de l'Observatoire régional de santé (ORS), confirme que « le bruit est le second facteur de morbidité dans les agglomérations derrière la pollution atmosphérique ».

Le vacarme motorisé déshumanise les relations, dissuade les allées et venues, accroît la sensation de danger, pèse sur le prix des logements et sur les loyers. À Marseille, par exemple, les rues les plus bruyantes sont aussi celles qui connaissent le plus d'habitations insalubres. Dans une étude parue en juin 2016, l'Institut d'aménagement et d'urbanisme d'Île-de-France rappelle la forte contribution des deux-roues motorisés à la pollution sonore.

À Paris ou à Nice, mais aussi, de plus en plus, à Rodez, Béthune ou Valence, les motos et scooters occasionnent un préjudice considérable, sans commune mesure avec l'utilité sociale des déplacements ainsi effectués. Un seul motard qui pratique une accélération ostentatoire nuit au confort auditif d'au moins 200 personnes. L'équivalent de ce passager qui, dans le train, parle fort au téléphone. Ou de ce fumeur qui, à lui seul, empeste l'atmosphère dans une pièce.

Les coupures urbaines

La ville ancienne a été adaptée à la voiture. Tous les autres territoires ont été conçus d'emblée pour la voiture. C'est la politique continue et déterminée des pouvoirs publics, menée depuis de longues décennies avec beaucoup de moyens financiers, l'assentiment tacite de la société civile et, par le prisme de l'urbanisme commercial, le soutien actif de la grande distribution. Dans une ville moyenne, cela se matérialise par la disposition des infrastructures, la priorité accordée aux axes rapides ou la largeur des boulevards de ceinture. « Les voies rapides urbaines ont longtemps été considérées comme le prix à payer pour moderniser les villes et améliorer leur accessibilité », explique Frédéric Héran.

L'auteur dresse la liste des coupures artificielles qui entaillent la ville : voies ferrées, voies rapides, mais aussi les « coupures surfaciques » – usines, zones commerciales ou quartiers fermés. Il pointe le paradoxe du « lien qui coupe » ; le pont tellement routier que son franchissement à pied est presque impossible. Certaines coupures sont même entretenues, voire sciemment renforcées, pour éviter les échanges entre quartiers, celui-ci « résidentiel » et celui-là populaire. Cela entretient le sentiment, chez les habitants vivant du « mauvais » côté de l'obstacle, d'une relégation.

Les piétons et les cyclistes subissent bien sûr ces balafres, mais c'est aussi le cas des services d'urgence ou de maintenance, policiers, pompiers ou éboueurs. Les voies rapides forment des « barrières de trafic », voire des « clôtures imaginaires » que l'on ne traverse presque jamais. Confronté à un axe majeur, le piéton marque l'arrêt. Non seulement le « petit bonhomme » est rouge, mais l'obstacle est difficile à traverser. Il lui faut attendre quelques inutiles minutes, estimer le risque, tout en subissant le bruit et la pollution. Pour éviter l'obstacle, il préfèrera parfois accepter de longs détours, voire franchir un dénivelé. « Les habitants d'une rue à fort trafic ont trois fois moins d'amis et deux fois moins de connaissances dans leur quartier que les riverains d'une rue à faible trafic », rapporte encore Frédéric Héran, citant une étude publiée dans les années 1980 à San Francisco.

La vitesse tue

Toute voiture, objet surpuissant, peut atteindre sans difficulté les 150 km/h. Dans une zone habitée, absolument rien ne justifie de telles vitesses, qui ne sont d'ailleurs presque jamais pratiquées. Mais il n'est pas nécessaire de rouler vite pour provoquer un accident grave. Dans les espaces urbains, en France, tout comme en Belgique, au Canada, en Suisse ou au Luxembourg, la vitesse demeure légalement limitée à 50 km/h. Par souci d'apaisement, de nombreuses localités ont adopté des limitations à 30 km/h, soit pour certains quartiers, soit pour l'ensemble de la ville. Les véhicules motorisés sont en outre freinés par la circulation, les carrefours, les feux, la présence de piétons ou de cyclistes, la densité du tissu urbain. Pour toutes ces raisons, la moyenne d'un véhicule ne dépasse pas, en ville, les 20 km/h, soit 130 km/h de moins que ses capacités.

Et pourtant, la vitesse commande encore la voirie. Les angles des rues, le marquage au sol, la nature du revêtement, la signalisation, la synchronisation des feux rouges, la désignation de voies à sens unique, tout ceci demeure adapté aux 50 km/h. En outre, plus un conducteur roule vite, plus il a besoin d'espace pour freiner, et moins il peut prêter attention au paysage qui défile.

Dès lors, c'est sur le piéton que repose l'essentiel de la sécurité routière. C'est à lui, l'usager le plus faible, surtout lorsqu'il est enfant ou âgé, que l'on recommande de « faire attention », ou de porter des couleurs vives. De même, c'est au cycliste que les pouvoirs publics conseillent de coiffer un casque, alors que le danger vient de la vitesse motorisée. Si on voulait chasser les habitants des villes, on ne s'y prendrait pas autrement.

La vitesse éloigne

« Fluidité », « porte à porte », « pas de contrainte »... Voici les autres noms donnés à la vitesse, célébrée comme une valeur positive depuis toujours. Partout, tout le temps, au travail comme à la maison, au supermarché et même en vacances, il faudrait « aller vite ». La vitesse commande nos vies, la « perte de temps » est décriée. Vite, vite ! Voyez comme on klaxonne le conducteur de devant qui ne démarre pas en une fraction de seconde ! Voyez comme on accélère quand le feu menace de passer au rouge !

Mais en avantageant la circulation de grande distance au détriment du trafic de proximité, on incite précisément les habitants à s'éloigner, à délaisser la quincaillerie pour Mr. Bricolage, le bistrot du coin pour la « cafèt' » du Géant Casino. « La vitesse ne fait pas gagner du temps, car les usagers en profitent pour aller plus loin », résume Frédéric Héran.

Comment ne pas comprendre que les citadins, confrontés à autant d'hostilité, ne cèdent pas eux aussi à la facilité ? Dès qu'on en a la possibilité, on monte dans une voiture, y compris pour effectuer les 500 mètres qui séparent le domicile de l'école ou pour acheter du pain. Et puisqu'on est au volant, tant qu'on y est, pourquoi ne pas pousser plus loin, à la zone commerciale ? Dès lors, les habitants délaissent logiquement les villes anciennes au profit d'étendues urbaines infinies où l'on ne raisonne plus à l'échelle de l'humain mais de l'automobile.

À Brive-la-Gaillarde, à Albi, à Mâcon, en dehors des quelques rues du centre, il faut se montrer sans cesse sur le qui-vive, anticiper les mouvements motorisés, faire un pas de côté, se faufiler entre deux masses de tôles, descendre prestement sur la chaussée, remercier un conducteur qui, bonne âme, aura renoncé à appuyer sur la pédale d'accélérateur. Le piéton est soumis. Il suffit d'un regard, d'un vrombissement, d'un coup de klaxon pour l'effrayer, le pousser, le culpabiliser. Pour se venger de ce conducteur pressé, le piéton ne peut opposer que son dédain silencieux ou, à la rigueur, son majeur.

Le royaume de la voiture immobile

Tout objet roulant doit être parqué. C'est d'ailleurs sa vocation principale. Le chiffre, communiqué par le Centre d'études sur les réseaux, les transports, l'urbanisme et les constructions publiques (Certu, aujourd'hui Cerema) dans un document publié en mars 2013, mérite d'être rappelé : une voiture demeure immobile 95 % du temps. Stocker sa voiture devient l'obsession principale lorsque l'on est au volant et que l'espace semble manquer.

Cela ne poserait pratiquement aucune difficulté si les voitures n'étaient pas des objets lourds et volumineux. Or, une automobile occupe 8 à 12 m^2 au sol, et les modèles qui sortent de nos jours des chaînes de montage pèsent en moyenne plus d'une tonne. Il faut non seulement les stocker, mais il est en outre impossible de les soulever à mains nues pour les déplacer si besoin.

En conséquence, la voiture immobile a envahi l'espace public. Il est impossible de faire un pas, en ville mais aussi dans un village, sans tomber sur cet objet métallique et coloré. Même sur la place la plus protégée de la ville la plus piétonne, même sous les fenêtres d'un bâtiment historique, même dans la cour d'un palais médiéval classé au patrimoine de l'humanité, il y a toujours, dans un coin, une voiture garée. Pour une raison valable ou non, pour satisfaire tel ou tel passe-droit, parce qu'un fort en gueule a tout simplement décidé de se garer là et qu'aucun policier ne s'est décidé à le verbaliser. « Le système automobile n'a pas de frontières », rapporte Frédéric Héran.

Photographier la cathédrale de Quimper ou la place des Héros à Arras sans que figure sur le cliché l'un de ces objets relève de l'exploit. Mais ce n'est pas seulement une question esthétique. Car une voiture peut en cacher une autre. Les automobiles, entre 1,5 et 2 mètres de hauteur, limitent la vue du passant, qui doit, en traversant une rue, maintenir en permanence une attention soutenue. Sur les minuscules trottoirs, portion congrue de l'espace urbain octroyée aux piétons, personne ne veut se risquer à faire courir un enfant et il est impossible de s'arrêter pour tenir une conversation. En fauteuil roulant, avec une poussette ou des sacs de courses, le parcours devient pénible.

« On a du mal à se garer devant votre magasin »

Les automobilistes sont des acheteurs à choyer. Exemple : « On a du mal à se garer par chez vous. Si j'avais su, je serais allé au Leclerc. » Ou encore : « Je suis pressé, je suis garé sur un passage piétons. » Accéder au quartier, chercher une place, se garer « au culot », risquer la contravention, repartir rapidement, tout ceci constitue une petite aventure que l'on se plaît à raconter. En revanche, personne n'entre chez un fleuriste en lançant à la cantonade : « Le bus m'a déposé au coin de la rue, c'est vraiment pratique. » On se vante rarement auprès du vendeur d'électroménager : « Nous avons déjeuné dans le quartier, nous faisions une promenade et en voyant votre magasin, nous avons pensé à la machine à laver qu'il faudrait changer. » En revanche, il en va autrement lorsqu'on est arrivé au volant et qu'on a rencontré des difficultés de circulation alors qu'on espérait expédier la course rapidement. « 100 % des râleurs sont des automobilistes frustrés », constate, à Montréal, Glenn Castanheira, commerçant et responsable politique.

Songeons aux habitants du voisinage qui auraient pu se déplacer à pied dans le quartier mais ont été découragés par ce véhicule, justement, garé sur un passage pour piétons. Songeons à ceux que le bruit des motos dissuade de baguenauder en ville, ou à ceux qui renoncent à prendre le bus, toujours englué dans les embouteillages. Des clients perdus.

Trop de voitures tue la voiture

Il arrive que le trop-plein automobile finisse par gêner… les automobilistes. En décembre 2014, *Sud Ouest* décrit le quartier du Grand-Parc, à Bordeaux, « étouffé par des centaines de voitures ». Une gentille grand-mère avait invité son petit-fils à déjeuner. Mais le jeune homme n'a jamais trouvé de place devant la résidence. « Vous savez où il a fini ? À Auchan-Lac, avec un sandwich », sanglote l'aïeule. Dans ce quartier, situé à mi-chemin entre le quai des Chartrons récemment rénové et le centre commercial de Bordeaux-Lac, les emplacements sont gratuits mais rares. La polyclinique de Bordeaux Nord a récemment été étendue, et tout le monde, « habitants, personnel soignant, patients, visiteurs » veut se garer à proximité. Dès lors, « chacun se débrouille comme il peut », raconte *Sud Ouest* : « Des véhicules stationnés sur les espaces verts, les trottoirs, les parvis d'immeuble, les terre-pleins centraux. Certains sont coincés par d'autres avec des caducées collés derrière les pare-brise […] L'autre jour, des gens se sont tapés dessus pour une histoire de place ! » raconte une habitante.

La presse locale regorge de ces histoires de stationnement impossible. À Perpignan, Lens (Pas-de-Calais), Le Blanc (Indre), La Madeleine (Nord), voire à l'intérieur même d'une zone commerciale, c'est toujours la même histoire : on pouvait se garer facilement, et maintenant, ce n'est plus possible. Un événement, un grain de sable ont bouleversé l'équilibre précieux maintenu par les habitants et les visiteurs : l'installation dans le quartier d'un nouvel employeur, un changement d'horaires, la modification d'un plan de circulation, un parking qui devient gratuit et crée donc un appel d'air. Soudain, c'est le trop-plein. Les gens découvrent que leur place fétiche, qu'ils croyaient être les seuls à connaître, a été découverte par un quidam : « Qu'est-ce qu'il a, celui-là, à se garer à ma place ? » C'est le signal que le quota de voitures est en train de dépasser les capacités du quartier. La goutte d'eau qui fait déborder le vase. Un précipité chimique.

Les commerçants eux-mêmes participent à ce trop-plein. Les places de stationnement situées devant les commerces servent en premier lieu aux titulaires des boutiques eux-mêmes, comme le constate François Gaucher, bijoutier à Vannes et président de l'association des commerçants : « Les commerçants et leurs salariés ne paient ni leur parcmètre ni les amendes. »

Dans la vraie vie, on peut se garer

La relation entretenue par le contrevenant avec le stationnement illégal ou le dépassement de temps relève presque de la psychanalyse. Voyez ce cri du cœur de l'automobiliste sanctionné : « Un scandale ! », « Intolérable ! » Plutôt que d'admettre son erreur, on la conteste, on crie à l'injustice. Recevoir une amende, c'est être pris en faute, c'est perdre au jeu du gendarme et du voleur, c'est se voir relégué dans la catégorie des losers, de ceux qui ne savent pas se débrouiller, incapables d'obtenir un passe-droit.

Une amende, voire une simple remontrance des forces de l'ordre, ramène l'adulte à la condition du gamin pris en faute, un statut insupportable. On croirait presque assister à une rupture du contrat entre l'individu et la Nation. À ce sentiment d'injustice s'ajoute un ressentiment contre les autorités, soupçonnées d'abuser de leur pouvoir. Voyez le maire, qui décide du stationnement payant, alors même qu'il bénéficie, à l'hôtel de ville, d'une place gratuite pour sa berline de fonction : le seigneur tout-puissant affamant les pauvres manants, tout en jouissant de privilèges éhontés.

Le stationnement automobile constitue une préoccupation des aménageurs depuis le début du XXe siècle. Très vite, pour faire de la place à la voiture, on a neutralisé une partie de l'espace public, le long des trottoirs, sur les places, dans les cours d'immeuble. Bientôt, on a aménagé la voirie, bâti des ouvrages spécifiques. Dans les quartiers périurbains, chaque infrastructure, chaque bâtiment dispose de son étendue bitumée.

Mais en ville, le stationnement est devenu une ressource rare. Pour la gérer, les autorités ont d'abord organisé sa rotation, en limitant le temps d'arrêt à deux heures. C'est, encore aujourd'hui, la logique des « zones bleues ». Ensuite, on s'est résolu à faire payer le stationnement. Les premiers horodateurs ont été installés à Paris en 1971, puis dans les grandes villes, les villes moyennes et divers quartiers sur quelques places stratégiques, suivant logiquement l'accroissement de la densité automobile. Pour « ceux qui ne peuvent pas faire autrement », des cartes gratuites, ou à prix modique, ont été distribuées aux riverains.

Mais les pouvoirs publics abordent la question à reculons. La logique du paiement, liée à l'occupation de l'espace, est mal expliquée par les responsables, donc mal comprise. La voirie demeure considérée comme un espace neutre, n'appartenant à personne, et son occupation comme un service gratuit. « Seules deux heures de stationnement sont payées par place et par jour alors qu'une plage horaire de stationnement payant est en moyenne de 10 heures (9 heures-19 heures) », observe le Gart. Et la verbalisation n'est pas toujours efficace. « Seules 44 à 50 % des amendes forfaitaires et 35 % à 40 % des amendes forfaitaires majorées sont payées spontanément », poursuit cette association d'élus.

Les collectivités font preuve, dans ce domaine, d'un laxisme effarant. Une conseillère municipale d'une préfecture départementale confie, sous le strict sceau de l'anonymat : « Lorsque je signale des voitures garées sur les pistes cyclables à l'adjoint en charge de la sécurité, il me répond qu'on ne va quand même pas matraquer les gens. » Dans une petite ville du Sud-Ouest, « on ne verbalise pas », confie un policier d'un air entendu.

Les parkings souterrains, dits « en ouvrage », sont censés soustraire du stationnement à la voirie. Dans toutes les préfectures, on compte plusieurs parkings publics, payants ou non, à proximité immédiate du centre-ville, généralement moins d'un kilomètre, soit un quart d'heure de marche. Mais ces stationnements ne sont que très rarement utilisés à pleine capacité. « À l'exception du samedi entre 17 heures et 19 heures, les parkings souterrains ne sont jamais pleins », témoigne Pascal Clouaire, adjoint délégué à la démocratie de proximité et à l'économie locale à Grenoble. « Dans le centre de Vannes, les quatre parkings souterrains sont vides la plupart du temps. Seul l'un d'entre eux est parfois complet, mais seulement quelques heures par an », corrobore François Gaucher, bijoutier. Le même constat a été établi à Rodez, Toulouse ou Albi, qui compte 3 000 places de stationnement à moins d'un kilomètre de la cathédrale, dont plus d'un millier sont gratuites.

En finir avec le « panier moyen »

Les villes moyennes souffrent, entre autres maux, d'une addiction à la voiture individuelle. Les encombrer davantage ne résoudra rien. Les villes ont intérêt, au contraire, à privilégier les déplacements à pied et à vélo. Car, contrairement aux idées reçues, les piétons et les cyclistes consomment davantage que les automobilistes. Ce constat est étayé par de nombreuses études réalisées dans divers pays occidentaux, à des époques différentes, par des universitaires, des chambres de commerce ou des associations d'usagers. Ces travaux ne portent pas nécessairement sur le même objet. Mais ils aboutissent tous à la même conclusion.

La première étude qui démonte le concept de voiture acheteuse date de 2003. Frédéric Héran, qui a obtenu le financement de l'Ademe et le soutien de la Fédération des usagers de la bicyclette (FUB), compare les différents modes de consommation, selon que le client est motorisé ou non. Les piétons et cyclistes, explique-t-il, peuvent certes transporter un volume moins important, et achètent donc moins de marchandises à chaque visite. Mais, leur rayon d'action étant plus limité, ils reviennent plus souvent. L'auteur met ainsi à bas le mythe du « panier moyen » qui consiste à comparer les dépenses effectuées lors de chaque passage. Mieux vaut un client loyal qui effectue chaque jour un petit achat plutôt qu'un immodeste acheteur qui remplit son coffre une fois par mois, et de manière aléatoire. C'est pourquoi Frédéric Héran qualifie les piétons et cyclistes de « clients fidèles » et les automobilistes d'« acheteurs volages ». Enfin, démontre-t-il, contrairement aux préjugés, les revenus mensuels des piétons et des cyclistes sont tout à fait comparables à ceux des automobilistes.

D'autres travaux, plus récents, confirment ces constats. Aux Pays-Bas, en 2010, une étude effectuée dans neuf villes par le cabinet Soab montre que les supermarchés accueillent une majorité d'automobilistes, tandis que les maraîchers, primeurs et le centre des villes sont principalement fréquentés par des piétons et cyclistes. À Paris, selon le bilan des déplacements publié pour l'année 2014, 79 % des trajets effectués pour les achats se font à pied.

En 2011, l'institut de technologie de Dublin a demandé aux détaillants de deux rues du centre de la capitale irlandaise, Grafton Street et Henry Street, l'une piétonne, l'autre non, par quel moyen de transport leurs clients se rendaient dans leur magasin. Puis, on a demandé aux clients comment ils avaient effectué le trajet. Le résultat met en évidence la tendance des commerçants à minimiser la capacité d'achat des personnes qui viennent en bus ou à pied et à maximiser la proportion des automobilistes et des passagers du tramway. Sur Grafton Street, 31 % des acheteurs seraient arrivés en bus et 11 % à pied si l'on écoute les marchands, alors que les proportions réelles sont respectivement de 35 % et 20 %. La sous-estimation est encore plus nette pour Henry Street : 40 % des acheteurs auraient choisi le bus et seulement 6 % la marche, alors qu'en réalité, ils sont respectivement 49 % et 19 %. Des phénomènes comparables ont été relevés à Graz, en Autriche, et à Bristol, au Royaume-Uni : les commerçants surestiment systématiquement la proportion de leurs clients qui se déplacent en voiture. L'image du piéton qui peine à remplir son cabas est tenace.

CHAPITRE 6

Comment la France peut sauver ses villes

« Il faut casser la machine à couler le béton », assure Franck Gintrand. Lors d'un colloque à Gembloux (Belgique), la spécialiste du commerce Bernadette Mérenne-Schoumaker ne dit pas autre chose : « Il n'y aura pas de renaissance si on n'est pas capable de juguler le commerce de périphérie. » C'est extrêmement clair : pour sauver les villes, il faut mettre fin à la construction de nouvelles zones commerciales et aux extensions des complexes existants. Un programme radical, ambitieux, à rebours des discours fondés sur le célèbre aphorisme « quand le bâtiment va, tout va ». Un programme un peu plus audible chaque année, à mesure qu'apparaissent les conséquences de la crise urbaine. La presse régionale, traditionnellement complaisante à l'égard de la grande distribution, se met à douter. *Le Berry républicain* se demande ainsi en septembre 2015 si on n'est pas en train de « marcher sur la tête ». À Albi, *La Dépêche du Midi* soutient moins volontiers que par le passé le développement de nouveaux complexes.

\ Casser la machine à béton

Certains élus affichent également cette volonté. Le président du département de Haute-Garonne s'oppose ainsi à Val Tolosa, un complexe projeté par le promoteur Unibail-Rodamco à Plaisance-du-Touch, en périphérie de Toulouse. En juin 2015, le maire d'Angoulins, dans l'agglomération de La Rochelle, où le marchand de meubles suédois songe à prendre position, s'interroge dans *Sud Ouest* : « Sommes-nous prêts à devenir Ikea-sur-Mer ? Entre élus, nous disons non. » En juillet 2016, la « Caso », communauté d'agglomération de Saint-Omer (Pas-de-Calais, 25 communes, 71 000 habitants), signe une « charte d'urbanisme commercial » qui prévoit le gel de toute implantation commerciale en périphérie, rapporte *La Voix du Nord*. Toutes les activités culturelles, médicales, de restauration ou de services aux particuliers réservées, selon la Caso, aux centres-villes ou aux centres-bourgs, sont interdites dans les zones périphériques.

Mais il est toujours plus facile d'annoncer que de faire. Le maire de Vitré, Pierre Méhaignerie, proclame volontiers : « Nous n'accepterons plus de nouvelle zone commerciale. » Mais il confie que la grande distribution dispose de sérieux arguments : « Ils nous expliquent que si on refuse, ils iront à Rennes, à 40 kilomètres. » En outre, maire depuis 1977, Pierre Méhaignerie a probablement inauguré lui-même une bonne partie des zones commerciales qui entourent sa ville.

À Thionville, la maire Anne Grommerch annonçait dans *Le Républicain lorrain*, quelques mois avant son décès, en avril 2016, qu'elle ne signerait plus d'extension commerciale supplémentaire, « à l'exception de l'ameublement ou du bricolage, parce qu'il y a un manque ». Maire d'Épinal, Michel Heinrich (LR) bataille contre un projet commercial, sans se faire d'illusion : « On a gagné en Commission nationale, mais la prochaine fois, ça sera difficile », confie-t-il. À Blois, dirigée par le PS, la CDAC a refusé par deux fois, en 2011 puis en 2014, l'agrandissement d'une zone commerciale réclamée par Immochan, le promoteur d'Auchan.

Mais François Fromet, le maire de Vineuil, la commune périphérique où est implantée la zone concernée, n'est pas d'accord : il faut « respecter l'accord conclu avec Immochan », affirme-t-il.

Malgré les déclarations de quelques élus, largement minoritaires, la « machine à béton » se porte encore comme un charme. Pour faire réellement cesser la prolifération des zones commerciales, la mobilisation collective doit passer par une loi au niveau français ou européen. L'arrêt des constructions périphériques reste vain si l'on ne s'attaque pas, dans le même mouvement, à cette fuite en avant permanente que constitue l'étalement urbain. Cela impliquera d'interdire purement et simplement toute nouvelle construction dans les zones non urbanisées. Et ne manquera pas de se heurter à d'irréductibles oppositions et à de puissants lobbies. Et pourtant, les enseignes, et même la grande distribution, auraient tout à gagner à une relocalisation du commerce. Certaines marques l'ont déjà compris, en réinvestissant les centres des grandes villes.

Que peut faire l'État ?

« Faire quelque chose. » L'État est naturellement sollicité, comme à chaque fois en France lorsque se présente une situation difficile. Et l'État, naturellement, répond par une subvention. Pour l'année 2016, 300 millions d'euros, sur le milliard du fonds de soutien à l'investissement public local, doivent bénéficier aux localités de moins de 50 000 habitants. Ceci doit servir, selon le communiqué du ministère du Logement, à « limiter l'étalement urbain, redynamiser l'offre de commerces, créer des équipements et des services adaptés aux besoins des habitants, relancer les activités, ou encore rénover ou réaliser des logements ».

En ville aussi, les regards se portent naturellement vers les pouvoirs publics. Les administrations communales et intercommunales disposent de plusieurs outils qui peuvent se révéler efficaces à condition d'être utilisés pleinement. Préemptions, subventions, taxes et interdictions sont actionnées indifféremment par des élus de tous bords, du PC au FN en passant par le PS, LR et les écologistes. En la matière, point de marxisme, de libéralisme ou d'altermondialisme. Une seule idéologie : montrer que l'on fait quelque chose, et le faire savoir.

Il ne faut toutefois pas se bercer d'illusions : aucune de ces stratégies n'a, pour le moment, nulle part, fait ses preuves. D'année en année, la désaffection commerciale se poursuit, s'accélère même, et les autres aspects de la crise urbaine, baisse de la population, paupérisation ou morcellement des territoires, accompagnent le mouvement.

La préemption des pas de porte, facilitée par une loi de 2014 sur le commerce et l'artisanat, constitue un réflexe compréhensible. Épernay (Marne), Bastia, Biarritz, Périgueux ou Bergerac (Dordogne) l'ont expérimentée, parfois avec des aides de l'État. À Agen, préemptions et subventions aux commerces qui périclitent sont regroupées sous le terme de « remembrement commercial ». À Tarbes, un « contrat de revitalisation artisanale et commerciale » a été mis en place, « un plan Marshall pour le centre-ville », titre *La Dépêche du Midi*. L'action politique se place ainsi au service de l'économie. Mais ces mesures risquent de peser sur les budgets municipaux. Et le commerce étant libre, rien n'interdira aux clients de faire leurs courses où ils le veulent.

Avec la préemption, la taxe constitue l'autre volet de la politique en faveur du commerce. Pau, Cognac, Mont-de-Marsan ou Dax taxent ainsi les locaux vides, appelés friches commerciales, afin de pousser les bailleurs à vendre ou à louer leur bien, si possible en baissant le loyer. À Périgueux, la taxe, qui doit entrer en vigueur en 2017, « est calculée sur la valeur locative et son taux est évolutif : 10 % la première année, 15 % la deuxième et 20 % la troisième », peut-on lire dans *Sud Ouest*. L'application de la mesure est précédée d'une campagne de sensibilisation.

À l'échelle nationale, le Parti communiste propose d'instituer une taxe sur les parkings d'hypermarché. « Cela aurait un effet très vertueux, car cela encouragerait le développement de commerces de taille plus réduite, tout en limitant les déplacements automobiles. Et cela serait évidemment très bénéfique pour les commerces de centre-ville », affirme Jacques Baudrier, conseiller municipal (PC) de Paris. Ce n'est pas une utopie. Une telle taxe, assise sur les surfaces de stationnement des entreprises tertiaires et des commerces de plus de 2 500 m^2, existe déjà en Île-de-France. Elle contribue à financer les transports publics. Portée par le Front de gauche, cette taxe était un vœu du syndicat des transports de la région en 2014, concrétisé par un amendement au projet de loi de finances la même année. Dans le même ordre d'idée, on pourrait imaginer de limiter le recours au travail du dimanche aux seuls commerces de proximité et de le bannir, à l'inverse, dans les zones commerciales.

Les municipalités se préoccupent également de l'habitat, en subventionnant les ravalements de façade ou en rénovant des quartiers anciens. Cahors taxe d'une même main les logements vacants et accorde des primes à la fusion des logements. Une société d'économie mixte disposant du soutien financier de la municipalité est chargée de « racheter des logements, de les réhabiliter avec notre soutien financier et de les remettre sur le marché », explique le maire Jean-Marc Vayssouze-Faure (LR) au *Courrier des maires.*

Bien sûr, ces mesures, prises ponctuellement, ne suffisent pas tant que la ville n'a pas élaboré de stratégie globale. Tel est le travail du « manager de centre-ville » ou « manager du commerce », une fonction apparue au début des années 2000 et qui s'est rapidement développée sous diverses appellations. Selon le Club des managers de centre-ville, on compte en 2016 environ 400 de ces cadres contractuels, contre une centaine en 2009. Interlocuteur unique des commerçants, le « manager » a pour mission de dynamiser le centre-ville, d'encourager le commerce local et de diffuser les « bonnes pratiques ». Son rôle varie en fait énormément d'une ville à l'autre en fonction des pouvoirs qui lui sont accordés, des interlocuteurs auxquels il a accès, voire de sa capacité à s'affranchir des normes et des hiérarchies. Certains managers sont en lien avec les diverses collectivités, la chambre de commerce, les services de la voirie ou de la sécurité. Ils créent des sociétés d'économie mixte ou surveillent les mutations commerciales. D'autres se contentent d'écouter les doléances des commerçants, de leur conseiller la création d'une page Facebook et de commander pour Noël des guirlandes lumineuses que l'on posera en octobre et retirera en février. Le travail des managers ne prend toutefois un véritable sens que s'ils ne limitent pas leur analyse au sort du commerce mais l'étendent à des champs aussi divers que l'habitat, la voirie, les transports et le patrimoine.

La mission de la plupart des managers s'arrête curieusement aux frontières du centre historique. C'est là, dans le vieux bourg médiéval, que la désaffection commerciale est la plus visible. C'est donc là que se construit la réponse. Rares sont les villes qui, comme Quimper en février 2016, nomment un « manager du commerce » chargé non seulement du centre-ville mais de l'ensemble des quartiers. Curieusement, certains titulaires du poste acceptent, à la demande de la grande distribution, d'étendre leur champ d'action aux zones périphériques, avalisant une hypothétique « complémentarité » entre le centre-ville et les grandes surfaces.

Nous, consommateurs

Chacun d'entre nous a bien entendu un rôle à jouer, en privilégiant, dès que possible, son quartier plutôt qu'une lointaine zone. Pour toute activité, il existe probablement, à proximité de chez soi, un magasin, un cinéma, un restaurant, un loisir qui remplace avantageusement la virée au centre commercial. Les associations, extraordinaire vivier social grâce à la simplicité de la loi 1901, fourmillent d'idées pour dynamiser le territoire. Deux réseaux, Initiative France et la Fédération des boutiques à l'essai, proposent à des « porteurs de projet » de tester la reprise temporaire d'une boutique, partout en France. L'opération, baptisée « Ma boutique à l'essai », vise à encourager les nombreux entrepreneurs individuels qui, chaque année, se lancent dans un commerce indépendant.

Les unions commerçantes sont évidemment bien placées pour travailler à la revitalisation. Celle-ci peut être temporaire, comme l'a préconisé en 2015 le séminaire international de la Fabrique de la cité, un think tank financé par le groupe Vinci : « Les potagers, jardins partagés, bibliothèques transformées en salles de conférence peuvent prendre place dans des lieux hybrides et modulables », peut-on lire dans le document de synthèse de ce séminaire qui s'est déroulé à Berlin.

À Villeneuve-sur-Lot (Lot-et-Garonne), les boutiques vides elles-mêmes ont servi, le temps d'une mise en scène, à un happening. À l'occasion du « Mai de la photo », qui se déroule chaque année dans la ville, la photographe Stéphanie Lacombe a réalisé des clichés de 25 vitrines. Son œuvre, intitulée « Ouverture exceptionnelle », a consisté à y faire poser des habitants, corporations ou associations, des randonneurs, membres de la fanfare, policiers, rugbymen ou danseuses de flamenco. « Toutes ces vitrines vides ne demandaient qu'à être habillées... J'ai demandé aux gens de descendre de leur salon pour se réapproprier le centre-ville », explique-t-elle au magazine *L'Hebdo* en mai 2016.

La solution canadienne

Vitrines vides, magasins abandonnés : dans certaines rues commerçantes du Plateau, le quartier bobo de Montréal, les affaires vont au plus mal. Au pied du métro Snowdon, de l'autre côté du mont Royal, les rares vitrines ouvertes sont occupées par des revendeurs de produits bon marché, Dollarama ou fast-foods. Le quartier environnant, le chic et anglophone Westmount, abrite pourtant de superbes villas et une population aux revenus élevés.

À Montréal, le rouleau compresseur des zones commerciales, les *power centers* comme on les appelle en Amérique du Nord, fait des ravages. Sur la rive sud (l'est géographique) du fleuve Saint-Laurent, le monumental quartier Dix30, qui tire son nom de sa situation à l'intersection des autoroutes 10 et 30, compte 210 magasins. « On y trouve de tout, même des restaurants qui valent la peine. Les banlieusards n'ont pas besoin de venir à Montréal pour trouver la qualité », observe François Cardinal, journaliste au quotidien *La Presse*. Une nouvelle zone commerciale, surnommée Quinze40, doit voir le jour sur l'île de Montréal. La concurrence vient même se nicher au cœur des villes. Professeur de marketing à HEC Montréal et spécialiste du commerce, Jacques Nantel explique que les promoteurs ambitionnent de « racheter des artères commerçantes entières ».

Malgré ces assauts de la grande distribution, certaines rues échappent à la conjoncture morose. L'avenue du Mont-Royal, qui trace une ligne droite sur le Plateau, connaît une vitalité remarquable. Plusieurs week-ends par an, le stationnement automobile y est interdit et des opérations promotionnelles y sont organisées. La rue Sainte-Catherine Est, dans le bas de la ville, est depuis les années 1970 le fief de la communauté gay. Depuis la fin des années 2000, pendant la belle saison, la rue est piétonnisée et des ballons roses suspendus d'un côté à l'autre forment une ombre agréable propice à la fréquentation des cafés et restaurants. L'office du tourisme promeut fièrement Montréal comme une « capitale gay » à ne pas manquer.

Ces opérations ponctuelles sont dues aux sociétés de développement commercial (SDC). Très répandues au Canada et aux États-Unis, elles réunissent non seulement les commerçants d'un périmètre donné, rue ou quartier, mais aussi l'ensemble des entreprises qui y ont leur siège, cabinets d'avocats, entreprises de service ou établissements culturels.

Les SDC, qui se constituent à la demande d'une majorité des entreprises du secteur géographique, ne sont pas de simples unions commerçantes telles qu'on en trouve dans les villes de France. L'adhésion, impérative, coûte à chaque membre, commerce ou non, environ 1 500 dollars par an, soit 1 000 euros, selon Charles-Olivier Mercier, directeur de la SDC de l'avenue du Mont-Royal. Pouvant employer des salariés, les SDC promeuvent le quartier auprès des administrations, conseillent les commerçants, diligentent des enquêtes sur les habitudes des clients, etc. « Elles contribuent aussi à garantir la mixité commerciale », explique Glenn Castanheira, qui a dirigé la SDC du boulevard Saint-Laurent. Lorsqu'un maga-

sin ferme, le choix du repreneur est soupesé à l'aune de l'environnement commercial. Charles-Olivier Mercier assure que les professions libérales profitent de l'aubaine : « Une rue qui offre un cadre de travail agréable est propice à leurs affaires. »
Si toutes les SDC ne rencontrent pas le même succès, la formule suscite un vif intérêt en Europe. L'Allemagne ou le Royaume-Uni ont adopté depuis longtemps le processus. Francis Palombi, président de la Confédération des commerçants de France, y voit la solution qui permettrait de sauver les villes moyennes. En Belgique, le parti wallon démocrate-chrétien (CDH) préconise la création de « groupements d'animation commerciale » équivalents.
Les SDC sont nées dans l'Ontario. Dans les années 1970, les commerçants de Bloor Street West, une rue de la proche périphérie de Toronto, s'inquiètent de la construction du métro et d'un centre commercial attenant. Ils décident de s'unir dans un *Business improvement district* (BID), littéralement un « groupement pour l'amélioration du commerce », afin de fédérer leurs intérêts. Leur méthode se répand. « Aujourd'hui, on compte 80 BID à Toronto », se réjouit John Kiru, président de l'association des BID, qui insiste : « Quand un commerce ferme dans une rue, ce n'est pas seulement un problème local, c'est le problème de la ville tout entière. »

\ Les citadins sont là

Les citadins sont là. La grande majorité des 50 000 habitants de la préfecture, des 20 000 habitants de la sous-préfecture vivent là jour et nuit, toute l'année. Ils travaillent sur place, consomment, se distraient. La ville pourrait pleinement profiter de leur vitalité, de leur temps, de leurs ressources. Les citadins ne demandent que ça, comme ils le montrent lors des événements fédérateurs, match de football ou fête traditionnelle. Comment redonner envie aux habitants de descendre dans la rue toute l'année, et pas seulement les quelques jours que dure le festival de photographie ou de littérature ? Comment refaire de l'espace urbain un endroit où l'on se parle, où l'on fricote, où l'on se prête aux « petites aventures de la rue », comme l'écrit joliment Frédéric Héran dans *La Ville morcelée* ?

Il suffit d'écouter les habitants eux-mêmes. Ainsi que les élus, les commerçants. Et les consultants, les spécialistes qui se penchent au chevet des villes. En mars 2016, lors d'un colloque organisé à Paris par la fédération Villes de France, les intervenants détaillent, l'un après l'autre, les caractéristiques d'une ville dynamique. Frédéric Cuvillier, maire de Boulogne-sur-Mer et ancien ministre, plaide pour des « espaces de promenade ». Pour Pierre Méhaignerie, son homologue à Vitré, « le cœur de ville doit être un parcours de vie, un lieu de déambulation ». Dans un centre-ville attractif, « il y a du monde », corrobore François Gaucher, à Vannes. « Il faut partir des usages de la population et des gens qui habitent dans le cœur de la ville », résume le consultant et auteur David Lestoux.

Quinze jours plus tôt, à Gembloux, dans la province de Namur, en Belgique, lors d'un autre colloque sur le même thème, les intervenants prônaient, eux aussi, une ville vivante « à toute heure du jour et de la nuit ». Ainsi s'exprime la géographe Bernadette Mérenne-Schoumaker : « Je le dis aux bourgmestres : "Si vous voulez soigner votre commerce, soignez votre population." » Les clients attendent « un espace public de qualité », résume Arnaud Texier, directeur d'Atrium, l'agence bruxelloise du commerce.

« Espace public de qualité »

Ces espaces publics, agréables à vivre, calmes, propices au commerce et aux échanges, existent déjà dans certaines villes. À Bogotá, en Colombie, le maire Enrique Peñalosa, élu en 2007, en avait fait sa principale promesse de campagne. Son mandat a été consacré à un accroissement significatif des espaces piétonniers et des déplacements à vélo. À Innsbruck, en Autriche, ou à Fribourg, en Allemagne, les élections se gagnent sur la capacité des candidats à apaiser les rues. À Strasbourg ou à Bordeaux, personne ne remet en cause les dispositions prises depuis vingt ans pour rendre aux piétons et aux cyclistes une partie de la voirie.

En septembre 2015, sous l'impulsion du maire écologiste Éric Piolle, 43 communes de la métropole de Grenoble, environ 400 000 habitants, se sont engagées à généraliser la vitesse à 30 km/h à partir de 2016.

Comme le montrent ces exemples, la création d'un « espace public de qualité » implique de donner la priorité aux déplacements les moins consommateurs d'espace et les plus efficaces en termes de relations sociales. C'est d'ailleurs l'ambition affichée de nombreuses villes moyennes. Périgueux « rend l'espace de son cœur de ville aux piétons », peut-on lire dans *Sud Ouest*. À Perpignan, l'architecte Bernard Moreau propose, pour contrer la dévitalisation, de « privilégier les déplacements des piétons ». En juillet 2015, avec trois mois d'avance sur la date prévue, La Rochelle a piétonnisé le quai de son Vieux Port, avec l'assentiment des cafetiers et restaurateurs. Sur le Vieux Port de Marseille, on n'envisage pas encore la même solution mais il est question de supprimer le stationnement le long des quais.

L'office du tourisme de Lille connaît assurément les codes de la ville apaisée. En février 2016, dans un document diffusé en ligne à l'intention des touristes européens, une image montre la Grand-Place, pivot de la capitale des Flandres, sous un grand soleil et sans aucune voiture. De quoi séduire les amateurs de week-ends urbains, qu'ils viennent de Belgique, des Pays-Bas ou d'Allemagne. Sauf que la photo est mensongère. La place emblématique est encore traversée, à cette époque, par une rue à double sens où la circulation est dense. « Nous avons choisi la photo car elle est très belle », admet l'office du tourisme, interrogé par le quotidien *20 Minutes*.

Les « espaces publics de qualité » ne manquent pas, dans les villes françaises : le centre de Nantes, le cœur de Strasbourg, les berges du Rhône, à Lyon, les alentours de la place du Capitole, à Toulouse… Il s'agit de métropoles, qui souhaitent pour la plupart étendre cette méthode au-delà des centres historiques. À Bordeaux, Jean-Marc Offner, directeur de l'agence d'urbanisme, parle de « mobilité piétonne universelle » : on doit être en mesure de se rendre au centre-ville, de n'importe quel endroit, à pied ou à vélo.

Mobilité piétonne universelle

L'énoncé est limpide, mais sa réalisation implique d'importants changements dans la disposition de l'espace. S'assurer que l'on puisse se déplacer à pied, c'est d'abord se préoccuper des trottoirs, et donc, selon les cas, les remettre en état, les élargir ou les nettoyer. Pour un piéton, les poubelles, panneaux publicitaires, arceaux de stationnement pour deux-roues constituent des obstacles, permanents ou temporaires. Grenoble installe désormais ses accroche-vélos sur la chaussée, et non sur le trottoir. La mobilité piétonne implique également la verbalisation des voitures ou des deux-roues motorisés sur le trottoir, comme le font sans hésiter les villes du nord de l'Europe.

Cette réappropriation de l'espace par l'humain ne se limite pas au cœur commerçant, mais concerne l'ensemble de l'agglomération, chaque carrefour, chaque quartier, jusqu'au lotissement périphérique. On ne construit pas une ville à visage humain en se contentant de piétonniser quelques rues commerçantes. On ne peut pas, comme le souligne l'anthropologue Sonia Lavadinho lors d'un colloque à Rouen en avril 2015, « continuer à maquiller la fille la plus belle ; il faut aussi s'occuper des laiderons », ou, en des termes moins provocateurs, traiter uniquement l'aménagement des places les plus avenantes en délaissant les boulevards bruyants.

La confusion entre piétonnisation et accès pédestre est fréquente. Ce n'est pourtant pas la même chose. Les rues piétonnes sont des espaces spécialisés, dédiés au commerce, des centres commerciaux à ciel ouvert. Dans un espace « piétonnisé », le piéton n'est considéré qu'à travers son potentiel d'acheteur.

En revanche, dans une ville apaisée, il est un être humain à part entière. Il contribue à la vie de la ville, à son animation, pas seulement au chiffre d'affaires des commerçants.

L'« espace public de qualité » ne se mesure pas seulement à la superficie octroyée aux piétons. Une telle réorganisation prend en compte l'acoustique, la sensation de sécurité, la qualité de l'air. En mettant le passant au cœur du système urbain, on en vient logiquement à réaménager la voirie. Les passages zébrés sont disposés là où ils facilitent les cheminements, et non plus aux endroits où ils dérangent le moins la circulation. Certaines villes suisses transforment les « bandes blanches » en larges taches de couleur qui donnent aux piétons la sensation d'être prioritaires, tandis que les automobilistes redoublent d'attention. Les passages « en deux temps », pensés pour assurer la fluidité motorisée, ainsi que les « ondes vertes », feux synchronisés à la vitesse automobile, sont supprimés. Les places, grandes ou petites, perdent leur vocation de parking. La signalétique est pensée à hauteur d'homme, et pas seulement visible de loin, à travers un pare-brise.

Inévitablement, cette réorganisation impose d'encadrer la facilité avec laquelle on se déplace en voiture. La vitesse maximale est limitée, le stationnement interdit effectivement sanctionné, les parkings réorganisés, le nombre de places restreint, des rues sont interdites aux véhicules motorisés à certaines heures.

Ces décisions soulageront en particulier les quelque 20 % à 30 % de foyers qui, dans toutes les villes, ne possèdent pas de voiture. Ces mesures contribuent aussi à sécuriser les rues. Dans un espace urbain, les piétons et cyclistes « sécurisent et animent la ville sans même s'en rendre compte », indique, dans *La Ville morcelée*, Frédéric Héran qui résume : « Les yeux de la rue. » Le géographe Bruno Judde de Larivière précise : « La densité induit un contrôle social. Un certain nombre de comportements sont régulés par le fait d'être au cœur d'une communauté. Le sentiment d'appartenance, pour le meilleur et pour le pire, est intrinsèque à la densité. »

Et alors, on se gare où ?

Personne ne propose de supprimer l'accès de la ville à la voiture. En revanche, l'organisation du stationnement accompagne celle de la mobilité. Que faire de cette demande récurrente, lancinante, au sujet de ces rues où « l'on ne peut plus se garer, monsieur le maire » ? Plusieurs solutions se présentent. La municipalité peut placer la liberté de l'automobiliste-administré-électeur au-dessus de toutes les autres contingences. En pratique, la ville risque de devenir rapidement saturée et invivable. Et les habitants qui le peuvent continueront à « aller » au centre commercial pour leurs approvisionnements et toutes les autres activités.

On peut aussi prétendre, deuxième solution, que personne ne songe à restreindre la sacro-sainte liberté, tout en limitant, en catimini, l'espace de la voiture individuelle. Les collectivités sont coutumières de ce tour de passe-passe. C'est ainsi qu'en 2015, Le Havre a supprimé des places sur un parking. « Dans un premier temps, nous avons installé à cet endroit des barrages routiers en plastique dur, ceux que l'on utilise pour signaler des travaux. Les gens ont accepté de se garer ailleurs. Mais nous n'avons pas l'intention de rouvrir ces places au stationnement », confie un adjoint au maire. L'année précédente, à Nantes, les services de la métropole avaient supprimé 80 places de stationnement le long de la Loire pour y aménager une piste cyclable. « On a fait ça pendant l'été, pour éviter les protestations, mais il n'y en a pas eu une seule », relate un fonctionnaire de Nantes Métropole.

La troisième solution consiste à faire l'inverse : affirmer que les déplacements non motorisés sont prioritaires sans rien entreprendre pour rendre cette priorité effective. On se contente alors de changer, à grands frais, l'enrobé d'un trottoir et de donner une interview à la presse locale sur le thème des « déplacements doux ».

On peut enfin, c'est la quatrième solution, assumer la construction de ces « espaces publics de qualité » et l'expliquer à ses administrés.

Quelque voie que l'on choisisse, la voiture individuelle, espèce invasive, occupe tout l'espace qu'on lui octroie, et même un peu plus. Or, « le stationnement est un outil d'urbanisme et de transport », rappelle Charles-Éric Lemaignen, vice-président du Gart, président (LR) de l'agglomération d'Orléans et de l'Assemblée des communautés de France (AdCF). Le Gart agit depuis le début des années 2010 pour la transformation de l'amende sanctionnant le stationnement illégal en redevance, dont les collectivités pourraient fixer le montant et encaisser les recettes. Aujourd'hui, le procès-verbal est dressé par la police municipale, mais le montant de l'amende pour dépassement de temps est fixé par l'État. Ainsi, la verbalisation est perçue comme une sanction émanant de la mairie, mais ses recettes sont transférées à l'État. On comprend mieux pourquoi beaucoup de municipalités hésitent à verbaliser.

Voitures ventouses

Lorsque émerge la question du stationnement, on se met rapidement d'accord pour combattre les « voitures ventouses », ces véhicules qui stationnent plusieurs heures à un endroit crucial, rue de l'Église ou place de la Mairie, devant les commerces. Dès lors, des solutions apparaissent assez naturellement. À Nevers, début 2016, la poissonnerie du centre-ville a droit aux honneurs des journaux télévisés. Le commerçant a obtenu de la municipalité la création d'une place de parking gratuite devant son magasin dont la durée d'utilisation est limitée à dix minutes. Grâce à ce « parking express », assure-t-il, son chiffre d'affaires « a progressé de 30 % ». Cette décision est présentée comme une solution aux maux des villes moyennes. Mais les « parkings express » ne suffisent pas. Si tous les commerçants de Nevers demandent la même dérogation que le poissonnier, la voirie risque de rapidement ressembler à un ballet motorisé, au détriment des oreilles, du nez et des yeux des passants.

Saint-Amand-Montrond (Cher), par ailleurs connue pour être située au barycentre de la France métropolitaine, a installé des capteurs électroniques sur 21 places « stratégiques » situées devant divers commerces au cœur de la ville. Ces capteurs, qui détectent la durée du stationnement, envoient un signal à la police municipale lorsqu'une voiture stationne plus d'une demi-heure. Le dispositif, qui s'inscrit dans la démarche « smart city » qui fait la fierté de l'équipe municipale, a coûté 10 000 euros.

À Auxerre, les commerçants demandent la création d'un parking réservé à leurs salariés, afin de dégager de l'espace pour les voitures des clients. Cette même logique a prévalu à Turin… dans les années 1970. Dans le centre historique de la capitale du Piémont, encombré et pollué, les commerçants avaient demandé à la mairie d'instaurer, comme dans d'autres villes de la péninsule, une « zone à trafic limité » (ZTL). Dans une ZTL, la circulation et le stationnement des véhicules motorisés sont strictement réservés à certaines catégories d'usagers, habitants, commerçants, livreurs et taxis. Les commerçants voulaient éviter que le centre soit accaparé par les salariés, qui se garent le matin pour ne plus bouger avant le soir.

Après l'épisode du « retour de la voiture en ville », en 2014, plusieurs municipalités constatent que cette politique ne suffira pas à revitaliser leurs commerces. Le cas de Quimper est particulièrement significatif. Élu notamment grâce à la promesse de renoncer à un bus en site propre, Ludovic Jolivet (LR) avait, dès le début de son mandat, décrété une « tolérance » pour le stationnement dans le cœur historique. Mais à peine un an après son élection, il doit faire machine arrière. *Ouest-France* et *Le Télégramme* constatent au printemps 2015 que les jolies places bordées de maisons à colombages sont de nouveau « envahies de voitures ». La tolérance avait été comprise comme un droit. Les agents de la ville déposent alors sur les pare-brise des « messages de pédagogie » sous forme de « flyers informatifs » menaçant de verbalisation.

À l'autre bout de la France, à Thionville, la destruction de pistes cyclables ne suffit pas non plus à redynamiser la ville. Interviewée par *Le Républicain lorrain* en septembre 2015, un an et demi après son élection, la maire Anne Grommerch déplorait l'attitude des commerçants, qui rechignaient à rester ouverts à l'heure du déjeuner et au mois d'août.

À Valence, durant l'été 2015, le maire Nicolas Daragon (LR) réclame une réduction de la vitesse maximale à 90 km/h sur l'autoroute A7, à l'endroit où elle traverse sa ville. Cette position entraîne un débat sur la vitesse pratiquée sur les axes rapides, coupures urbaines par excellence. Dans le centre de Roubaix, rue de l'Épeule, des pots de fleurs étaient traditionnellement disposés devant les commerces et bars, qui y installaient également quelques chaises et tables. Mais en mars 2015, la mairie transforme ces espaces en stationnement, peut-on lire dans *Nord Éclair*. La clientèle fuit, faute de pouvoir s'installer en plein air. Les tenanciers, pour l'essentiel des Maghrébins, soupçonnent la municipalité de « discrimination raciale ».

À Grenoble, l'association de commerçants Label ville, qui s'est constituée en hostilité au « plan vélo » de la municipalité, ne refuse pas de réfléchir aux modes de déplacement. Interrogé, son président Christian Hoffmann reconnaît volontiers que « les clients ne se déplacent pas tous en voiture », même si « on ne peut pas tout acheter à vélo ». Favorable à « l'extension de la piétonnisation du centre », il admet qu'« il y a des places pour se garer à Grenoble ». Il regrette en revanche le manque de concertation dont ferait preuve la municipalité. Même le maire de Béthune semble avoir renoncé à « vivre dans son temps », comme il le disait en avril 2014. Dès l'automne suivant, il décide d'étendre la « zone bleue », lit-on dans *La Voix du Nord*. Un adjoint rappelle opportunément que les places de la ville ne sont pas si éloignées des rues commerçantes, « contrairement à ce que pensent les gens ». En 2016, un document publié par la municipalité prône « une alternative au tout-voiture et au tout-infrastructure ». Eh oui, même à Béthune, on peut se déplacer à pied. Il faut vivre dans son temps.

Du bon usage de la navette

Les parkings, lieux de stockage des véhicules, sont stratégiques. Trop éloignés du centre ou peu accessibles, ils dissuadent l'accès. Mais situés dans l'hyper centre, sous la place de la mairie, par exemple, ils génèrent une circulation d'approche et ses nuisances – bruit, danger, pollution, configuration routière des artères. La fonction de chaque parking souterrain peut être repensée en fonction de sa localisation. Les ouvrages les plus centraux seraient réservés à l'accueil des personnes à mobilité réduite, des commerçants et de leurs salariés. Et ceux qui sont situés un peu plus loin pourraient servir aux visiteurs de passage.

Ceci fonctionnera d'autant mieux que l'on aura au préalable soigné les abords des parkings souterrains. Si le trottoir est dégagé des obstacles, le parcours simplifié, les quelques minutes de marche ne seront pas ressenties comme une contrainte, mais comme un plaisir.

Dans certaines villes, le stationnement relativement éloigné du centre est baptisé « parc relais » et desservi par des navettes régulières. À La Rochelle, pour 3 à 5 euros selon les lieux, on dispose du parking pour la journée et d'un aller-retour en bus pour chacun des occupants de la voiture. La rupture de charge occasionnée par ce dispositif est compensée par l'assurance de trouver une place de parking.

Les « navettes de centre-ville » portent le même nom, mais ne remplissent pas la même fonction. Elles effectuent un parcours de quelques kilomètres en empruntant les rues commerçantes. On trouve ces minibus de 10 et 20 places à Mulhouse, Maubeuge, Cagnes-sur-Mer, Arras ou encore Auxerre.

Circulant généralement le samedi et parfois les jours de semaine, aux heures de pointe, ces véhicules s'adressent aux chalands, que l'on imagine toujours encombrés de sacs volumineux. Le ticket est gratuit, ou vendu à un prix dérisoire (35 centimes à Maubeuge, par exemple). Le véhicule est souvent propulsé à l'électricité, afin d'afficher un écologisme de bon aloi et surtout de bénéficier de subventions. Avec un succès mitigé, d'ailleurs :

à Maubeuge, les deux navettes électriques en place depuis 2008 ont dû être remplacées en 2015 par une seule navette à moteur thermique. Les contraintes liées à l'autonomie, les pannes récurrentes et le coût de l'entretien ont eu raison de l'ambition électrique de la municipalité.

Concrètement, ces minibus parcourent quelques centaines de mètres entre deux arrêts. On peut parfois les héler « à la volée », comme à Mulhouse. À Auxerre, on trouve « une navette toutes les dix minutes, qui stoppe à la demande », explique une commerçante, membre de l'association On s'active à Auxerre. Mais les minibus sont « pleins à craquer, entre les personnes âgées, les étudiants ou écoliers. Pour faire 100 mètres, il faut au moins vingt-cinq minutes », regrette-t-elle.

Ces navettes coûtent cher à la collectivité : 180 000 euros par an à Périgueux, 123 000 euros par véhicule à Maubeuge. Amiens a acheté quatre minibus électriques au constructeur Bolloré pour un total de 800 000 euros. Par ailleurs, ces dessertes reposent sur un étrange présupposé. On agit comme s'il fallait à tout prix dissuader l'ensemble des passants d'utiliser leurs jambes. Dans une ville, les badauds ont une formidable capacité à s'arrêter, à revenir sur leurs pas.

Sortir de l'addiction

On ne sort d'une dépendance qu'en remettant en cause ses habitudes. Personne n'aime changer ses habitudes. Ni les aménageurs, ni les particuliers. Mais justement, les pouvoirs publics cherchent, depuis plusieurs années et pour de nombreuses raisons, à limiter l'usage de la voiture individuelle pour tous les trajets.

Plus personne ne conteste désormais que la voiture, surtout maniée à grande vitesse, sous l'emprise de l'alcool ou à l'heure de la sieste, est un instrument dangereux, potentiellement mortel pour ses occupants et pour les autres usagers. En outre, le manque d'activité physique, la sédentarité sont responsables de nombreuses maladies.

On sait aussi que l'automobile est responsable d'une part importante des émissions de gaz à effet de serre, que la pollution aux particules fines augmente la mortalité, à plus ou moins long terme. L'incroyable ingéniosité déployée par Volkswagen et ses concurrents pour affirmer le contraire est une preuve en soi. L'industrie automobile importe de multiples métaux rares, précieux et polluants, extraits à l'autre bout de la planète dans des conditions sociales déplorables et beaucoup moins bien recyclés que ne le prétendent les constructeurs. Louis David, expert en matériaux chez Peugeot SA, expliquait lors d'un séminaire organisé par son entreprise en 2014 que les automobiles sortant des chaînes de montage dans les années 1990 contenaient une vingtaine d'éléments chimiques consignés sur le fameux tableau dessiné par le chimiste russe Dmitri Mendeleïev. Au milieu des années 2010, une voiture neuve, bourrée d'électronique, concentrait environ la moitié des éléments de la table de Mendeleïev, soit une soixantaine. Les prospectivistes nous annoncent depuis des années l'avènement du *peak oil*, ce moment précis où le pétrole sera moins abondant. Compte tenu de l'évolution des technologies de forage, le *peak oil* est régulièrement reporté à une date ultérieure. Mais la planète heurtera de plein fouet, avant même la pénurie de pétrole, le « *peak* cadmium », le « *peak* indium » ou le « *peak* cuivre », autant de métaux rares qui alimentent tous nos appareils électroniques, dont les véhicules font partie.

Toutes ces conséquences de la société du tout-automobile sont étayées, connues, acceptées. Les dommages infligés aux territoires, en revanche, ne font pas encore l'objet d'un consensus public. Mais ils devraient constituer un argument supplémentaire. Si vous ne le faites ni pour la planète ni pour vos enfants, faites-le pour l'épicier du coin.

Les alternatives existent déjà

Alors, comment feront ceux qui « ne peuvent vraiment pas faire autrement » ? Faudra-t-il inventer un moyen de déplacement entièrement nouveau ? Cesser de se déplacer ? Non. En pratique, la société continuera à être hypermobile. Des voitures continueront à être produites et à circuler, mais elles seront bien mieux utilisées. C'est d'ailleurs ce que préconisent continûment, à longueur d'articles ou de colloques, des spécialistes de la mobilité aussi reconnus que l'anthropologue Sonia Lavadinho, le géographe Francis Beaucire, le sociologue Vincent Kaufmann ou l'économiste Yves Crozet.

Les moyens permettant de remplacer la voiture individuelle pour tous les trajets existent déjà. Dans les villes moyennes, le système de transports publics, qui demeure aujourd'hui une malheureuse alternative à la marche et au vélo, pourrait devenir une ambitieuse alternative à la voiture. Selon Éric Chareyron, directeur de la prospective chez Keolis, on peut amplement valoriser la fréquentation des bus, et ainsi le budget des opérateurs, sans dépenser beaucoup. Ainsi, les transports locaux pourraient être mieux adaptés à leurs utilisateurs potentiels, à commencer par « les salariés des magasins qui commencent à 10 heures et terminent à 20 heures. S'ils prenaient le bus, cela permettrait de libérer le stationnement pour les consommateurs ». Le responsable de Keolis préconise d'adapter les horaires et les trajets à ces usages. Or, aujourd'hui, le réseau est « trop souvent pensé comme destiné uniquement aux scolaires », regrette-t-il. Et pourtant, « à Tarbes, par exemple, 7 adultes sur 10 n'ont pas d'enfant à domicile », précise Éric Chareyron.

Les alternatives à la voiture sont multiples et désormais bien connues des décideurs : autopartage (plusieurs conducteurs successifs), covoiturage (plusieurs passagers), location entre particuliers, taxi. Leurs concurrents, les voitures de tourisme avec chauffeur (VTC), n'hésitent pas à desservir aussi bien les villes moyennes que les banlieues populaires. Observons le succès remarquable, ces dernières années, de ces start-up qui n'en sont déjà plus : Blablacar (covoiturage), Drivy (location de voitures entre particuliers), Uber (taxis sans licence). Toutes se sont développées non pas grâce à l'action des pouvoirs publics, mais en dépit de l'action des pouvoirs publics. En marge de ces mastodontes, les sociétés d'autopartage classique, regroupées en France sous le label Citiz, permettent de louer un véhicule en cas de besoin. Toutes ces alternatives présentent la vertu de montrer que l'on peut utiliser l'objet voiture à bon escient.

Vive le buffet de la gare !

Dans les villes les plus arides, la gare demeure un lieu de vie. Le bâtiment, petit château avec ses ailes et ses mansardes, édifié au XIXe siècle, à l'époque où l'Europe se couvrait de chemins de fer, constitue une promesse de voyage. La salle d'attente fait encore rêver. Le restaurant et ses attributs, lambris, moulures, zinc, portes à battants, rappellent les grandes heures du « buffet de la gare ». Hélas, on l'a souvent transformé en épicerie siglée d'un grand groupe de distribution ou en pauvre bar-tabac où le voyageur de passage mâchonne un hot-dog au son d'un hit entêtant.

Or, le quartier de la gare mérite mieux que sa réputation. Gares et connexions, la branche dédiée de la SNCF, a compris le potentiel de ces grands espaces désormais surdimensionnés et idéalement situés. L'installation de pianos, généralisée à une centaine de gares au milieu des années 2010, puis de baby-foot, ravit la plupart des voyageurs et humanise les lieux. La compagnie ferroviaire multiplie les expositions de tableaux, festivals de photographie, happenings musicaux, sans oublier d'équiper les lieux de wi-fi gratuit. Sur le modèle de la gare londonienne de Saint-Pancras, la SNCF a doté plusieurs de ses bâtiments en boutiques, brasseries à la mode, laboratoires d'analyses médicales… La gare Saint-Lazare, à Paris, est ainsi devenue « le centre commercial le plus rentable de France », selon le mot de Laurent Morel, président du directoire de Klépierre, cité par Mobilicités. Des opérations du même type sont effectuées à Bordeaux, Montpellier ou dans les grandes gares parisiennes.

Gares et connexions prévoit la requalification d'autres bâtiments à Besançon, Saint-Nazaire ou Clermont-Ferrand. On peut imaginer d'y installer des restaurants prestigieux, destinés à une clientèle de passage. Le succès n'est toutefois pas garanti. À Vichy, le restaurant PylPyl, ouvert dans une aile de la gare en 2012, a fermé ses portes début 2016.

Car la volonté de la SNCF ne suffit pas. Des opérations de renouvellement urbain s'imposent. La gare devient pleinement un lieu de passage à condition d'être ouverte des deux côtés des voies et de relier les quartiers situés de part et d'autre. À Nancy, la place Thiers, devant la gare, a été transformée en parvis en 2015. L'agglomération de La Rochelle prévoit l'aménagement, face au magnifique bâtiment doté d'une tour en forme de phare, d'un « pôle multimodal ». L'opération, qui doit débuter en 2018, a également pour objectifs de « valoriser le quartier de la gare » et de « favoriser le désengorgement routier du centre-ville ». Une action de la même envergure doit aussi être menée devant l'imposante gare Matabiau, à Toulouse.

Les gares routières, là où elles existent, pourraient connaître un traitement équivalent. Ces terminus, longtemps délaissés, ont retrouvé leur intérêt avec l'avènement des fameux « autocars Macron », du nom du ministre de l'Économie qui a libéralisé le secteur. Les dizaines de passagers ainsi transportés constituent pour la ville d'accueil de précieux visiteurs qu'il ne faut pas négliger. Or, aujourd'hui, les autocars marquent l'arrêt à un échangeur, sur un parking ou à un terminus du tramway. Ces lieux, qui ne sont pas aménagés pour recevoir du public, ni reliés au centre par un cheminement piétonnier, ni parfois même équipés de toilettes, donnent de la ville une image déplorable.

Le mélange des âges

Les étudiants, les « *millennials* », comme les baptisent les sociologues, apportent dynamisme, inventivité et activité. Leurs moyens financiers sont faibles, mais ils ont faim de tout et vivifient la rue par leur seule présence. Hélas, après Mai 68, la crainte des monômes a conduit les autorités à construire les universités à l'extérieur des villes. Les conséquences de ces choix sont connues : les étudiants qui le peuvent se déplacent en voiture, encombrent les parkings de l'université et fuient la ville dès que possible. Le mouvement Campus responsables veut « organiser le retour des campus en ville, un lieu naturel de rencontre et de brassage ». Ce n'est pas une utopie. À la rentrée 2017 doit ouvrir, à Perpignan, une nouvelle université accueillant environ 500 étudiants en droit ou en photojournalisme.

Beaucoup plus tard dans la vie, les personnes âgées sont aussi une chance pour la ville. Quand on vieillit, sans même être diminué, on sort moins de chez soi, on quitte moins son quartier. On veut conserver des liens sociaux, même épisodiques et superficiels, avec la boulangère ou le cordonnier. On aime marcher, même un peu, et pas seulement pour accumuler des pas sur son podomètre. À l'été 2015, lorsque la métropole de Grenoble cherche à convaincre de la nécessité de faire du 30 km/h la règle et du 50 km/h l'exception, Yann Mongaburu, vice-président en charge des transports, avance un argument qui fait mouche. « Le maintien à domicile des personnes âgées est l'un des défis des années à venir. Elles doivent pouvoir faire de l'exercice régulièrement et aller chez le boulanger, sans se sentir en insécurité », explique-t-il aux maires des communes rurales de l'agglomération.

\ La force du diagnostic

On a besoin de moins de rumeurs et d'impressions. On a besoin de davantage de connaissances et de faits. Pour comprendre ce système vivant qu'est une ville, il faut l'examiner sous toutes ses coutures, pas seulement de manière théorique. Bien sûr, on épluchera les rapports, on effectuera des voyages d'étude dans les capitales d'Europe les plus dynamiques et on copiera les « bonnes pratiques » des villes voisines. Mais cela ne suffit pas. Même si les causes du dépérissement sont similaires partout, et que les solutions, certes imparfaites, se ressemblent, il se trouvera forcément quelqu'un pour objecter : « Ah, mais chez nous, c'est différent. »

Balades urbaines

L'inauguration d'un nouvel aménagement, la visite d'un quartier ou un « compte rendu de mandat » constituent en principe des temps privilégiés d'échanges entre la municipalité et les administrés. Le maire, suivi de ses adjoints, de quelques ingénieurs, de consultants, voire de journalistes, s'engouffre dans une voiture. Sur place, l'objet de la visite est commenté par des élus du quartier ou des travailleurs sociaux. Un opportun et rapide « dialogue avec les habitants » est organisé. Des riverains posent respectueusement des questions convenues ou dissertent sur un sujet qui n'a rien à voir avec l'objet de la visite, mais qui leur tient à cœur. Le maire, bienveillant, répond grâce aux éléments de langage préparés par ses services. En pratique, tous ces décideurs n'ont rien vu, ou seulement ce qu'on a bien voulu leur montrer.

La « balade urbaine » est un bon moyen de sortir des sentiers battus. Organisée par une association, une collectivité, des particuliers intéressés, elle consiste à traverser la ville à pied, voire à vélo, et à observer les lieux de rencontre et de passage, ainsi que les obstacles. La marche réunit des passionnés, mais aussi des élus, fonctionnaires municipaux, sociologues, ingénieurs, topographes ou simples randonneurs.

En Île-de-France, le Voyage métropolitain, imaginé par un collectif de jeunes architectes et urbanistes, organise chaque mois, depuis septembre 2014, un parcours dans un territoire de proche ou lointaine banlieue. Les participants se retrouvent en début de matinée, un samedi, devant une gare. « Nous fixons l'itinéraire, mais sans repérage préalable. C'est une découverte, pas une visite touristique. Chacun est acteur de sa promenade », expliquent les organisateurs.

Le cheminement traverse diverses zones choisies pour leur hétérogénéité : un quartier pavillonnaire, des entrepôts de logistique, une cité-jardin, un cimetière ou un centre commercial. Dans ce parcours se mêlent plusieurs échelles, internationale ou nationale pour les infrastructures de transport, voies de chemin de fer ou autoroutes, régionale pour les zones de logistique ou locale en arpentant un jardin urbain.

À pied, le territoire apparaît décousu, sans logique, mal conçu. Il faut parfois marcher en bordure d'une route, slalomer entre les voitures garées sur un trottoir, fouler une pelouse décorative, traverser au petit bonheur une rocade fréquentée. Les promeneurs se prennent au jeu, immortalisent des scènes insolites, jouent avec les différentes échelles. La balade urbaine ne permet pas toujours de croiser les habitants, sauf au centre commercial. La galerie commerçante, bordée de boutiques, présente toutes les caractéristiques d'une ville : une allée centrale, un faux gazon, des cafés aménagés comme s'ils donnaient sur la rue, des balcons. On y trouve, au fond, un peu tout ce qui fait défaut aux alentours.

Lors de la « restitution », proposée à la fin de chaque session, chacun livre ses impressions, explique ce qui l'a étonné, quels enseignements il en tire. Le diagnostic ne prétend aucunement à la perfection, mais offre un éclairage oblique, décalé, sans filtre. La formule francilienne rencontre en tout cas un certain succès. Lors de leurs premières balades, les « voyageurs » n'étaient qu'une quinzaine. Un an plus tard, plus d'une cinquantaine.

La balade urbaine, parfois baptisée « diagnostic en marchant » ou « urbex », n'est pas un objet défini. Elle peut durer une heure ou huit heures d'affilée, être guidée ou non, se fonder sur un itinéraire défini ou pas. La formule peut se décliner en variantes, le matin, à l'heure des bureaux, puis en fin d'après-midi, et être renouvelée tous les six mois, pour observer les évolutions. L'outil permet d'effectuer le parcours à pied, entre les parkings de rabattement et les commerces, afin de découvrir à la fois la distance réelle et d'évaluer les nuisances, sonores ou visuelles, et les éventuels obstacles. La sortie peut être programmée un samedi, un dimanche, voire la nuit, comme la municipalité l'avait fait à Grenoble en 2014. L'exercice, ludique, ne coûte presque rien, tout au plus une grenadine, un café ou un pique-nique offerts aux participants. Et surtout du temps.

À Montrevault (Maine-et-Loire), la communauté de communes a organisé en octobre 2014 plusieurs « randos PLUI » (pour plan local d'urbanisme intercommunal) auxquelles les habitants étaient conviés. Les randonneurs, guidés par un paysagiste, se sont interrogés sur la mixité des usages, industrie, commerce et habitat, la valorisation du patrimoine architectural ou les documents d'urbanisme. Pour les élus, une telle rencontre est aussi l'occasion d'expliquer leur politique et les difficultés techniques ou juridiques auxquelles ils sont confrontés. À Roubaix, quatre quartiers ont été explorés à un an d'intervalle, afin d'étager les diagnostics.

Observer le commerce

L'état du commerce nécessite une réflexion détaillée, bien au-delà du « doigt mouillé » auquel sont habitués les observateurs dilettantes que nous sommes tous. Un exercice efficace consiste à mener une enquête : aborder les passants, leur demander d'où ils viennent, quel moyen de transport ils ont utilisé, pourquoi ils sont là.

Assez curieusement, les collectivités se privent souvent de cet outil. À Nantes, après la mise en place en 2012 d'une « zone à trafic limité » dans l'hyper centre, et malgré les protestations récurrentes de la chambre de commerce et d'industrie, la métropole n'a pas jugé bon d'évaluer les conséquences de cette mesure. Une enquête de ce genre avait été effectuée à Poitiers dans les années 2010, mais ses résultats n'ont pas été rendus publics. Il apparaissait que « l'immense majorité des personnes qui entrent dans un magasin du centre-ville ne descendent pas de leur voiture, mais sont déjà en ville, pour une raison quelconque, liée au travail ou aux loisirs », confie, anonymement, un fonctionnaire travaillant pour le Grand Poitiers. Dans le centre-ville d'Aurillac, la société toulousaine Trencube a installé en juillet 2015, et pour quinze mois, des points de comptage, qui captent les ondes émises par les téléphones. Le trafic piétonnier, et ses variations en fonction des diverses animations commerciales, seront connus avec précision. La municipalité espère repérer « les axes les plus marchands et ceux qui le sont moins » et compte se servir de ces données pour valoriser le quartier, lit-on dans *La Montagne*.

Dites-le avec des cartes

La cartographie délivre une vision objective et simple des données. Le site DataFrance a élaboré, à partir des recensements de l'Insee, un jeu de cartes interactives particulièrement précieux, commune par commune et quartier par quartier. Les revenus moyens, le taux de chômage, la part des logements vides, la proportion de ménages sans voiture, de familles ou de personnes âgées, ainsi que la localisation des infrastructures de transport constituent des outils indispensables pour diagnostiquer la crise urbaine.

Le bruit constitue également une donnée parfaitement mesurable, comparable, objectivable. Cette nuisance pèse directement sur la santé et la vie sociale. Comparée à la forme urbaine, elle constitue aussi un parfait révélateur d'autres préjudices : coupures routières et ferroviaires, vitesse, perception d'un danger routier, relations de voisinage conflictuelles, etc. La carte du bruit, représentée par un code de couleurs, est obligatoire dans les agglomérations de plus de 250 000 habitants, selon une directive européenne de 2002. Sa réalisation nécessite la collaboration de diverses spécialités, acousticiens, urbanistes, informaticiens, cartographes… En France, la norme s'applique en principe depuis 2007 à toutes les agglomérations de plus de 50 000 habitants. Mais en pratique, bien peu de villes ont édité de véritables cartes.

La connaissance de ces nuisances est un préalable indispensable à leur traitement. Les grands axes routiers, ainsi que les lignes à grande vitesse, apparaissent généralement en grenat, et présentent un bruit supérieur à 70 décibels. Cela signifie qu'une conversation ne peut pas être tenue à proximité, même en parlant fort. Les boulevards et axes majeurs, qui figurent en rouge vif ou en orange, semblent bien plus calmes en comparaison. Mais le niveau du bruit avoisine tout de même les 65 décibels, ce qui interdit toute conversation à voix normale.

La carte d'isodistance représente la distance que l'on peut parcourir en un temps donné à partir du même lieu. Autour du point rouge « vous êtes ici » sont tracés des cercles concentriques indiquant une durée en minutes. Dès les années 2000, à Londres, Legible London proposait cette donnée aux passagers des bus à impériale. On en observe désormais sur les arrêts de bus à Paris ou Angers. L'outil sert en premier lieu au piéton, mais aussi à optimiser le réseau de transports publics.

La carte permet en outre de prendre conscience des distances réelles, au-delà des impressions subjectives. Autrement dit, le parking souterrain est parfois beaucoup plus proche de la place du palais de justice qu'on ne l'imagine. Pour prouver son efficacité, la carte d'isodistance doit être réalisée avec précision, pas seulement en traçant un cercle au compas. Les cartes les plus efficaces tiennent compte des parcours réels, des rues, des angles, des chicanes, etc. Comme la carte du bruit, ce diagnostic souligne l'existence des coupures urbaines, tout en obligeant les techniciens à arpenter le terrain.

Le vélo décloisonné

À vélo, on circule aussi bien dans les rues limitées à 30 km/h que sur un boulevard de ceinture, dans une zone industrielle, les quartiers pavillonnaires ou un parc urbain, et même, avec une certaine habitude, le long des grands axes routiers. La vitesse du vélo est suffisamment élevée pour passer d'un faubourg à l'autre, voire pour traverser des endroits peu fréquentés sans ressentir l'anxiété que l'on y éprouverait à pied.

Autrement dit, à vélo, on va partout. Et à l'air libre, avec une vision à 360 degrés, on voit tout, notamment des choses que d'autres ignorent : les voies plus ou moins encombrées, les avenues accidentogènes, les comportements. Les piétons se sentent-ils à l'aise ? Les automobilistes sont-ils stressés ? Aux abords de ce rond-point, est-on encore « en ville » ou déjà dans un environnement autoroutier ?

Des cyclistes se sont constitués en association dans la plupart des villes moyennes, comme en témoignent Kernavélo à Quimper, Vélo utile à Saint-Brieuc, Cadres à Mulhouse, Vill'o vélo à Niort, Ocivélo à Saint-Étienne, les Dérailleurs à Caen, Place au vélo à

Saint-Nazaire, etc. Dans les Hauts-de-France, l'Association Droit au vélo (Adav) dispose d'antennes à Béthune, Arras, Saint-Omer, Maubeuge, Hazebrouck, etc. Les collectivités locales auraient tort de se priver de leurs services. Car ces militants font d'excellents consultants, certes revendicatifs et turbulents, mais très compétents et pratiquement gratuits.

Ces structures, chapeautées par la FUB, ne visent pas seulement à obtenir des aménagements pour leur propre compte, mais cherchent à banaliser l'usage de la bicyclette. En effet, plus les cyclistes sont nombreux, plus la pratique du vélo est sécurisée, et plus les pouvoirs publics sont sensibles à leurs arguments. En outre, les militants constatent les bienfaits de leur pratique régulière, non seulement pour leur bien-être, mais aussi pour le territoire où ils vivent. Par définition, à vélo, on privilégie la proximité, pour les loisirs comme le ravitaillement. Quitte à se munir d'un sac à dos, de sacoches, voire d'une remorque, d'un triporteur ou d'une assistance électrique.

Certaines associations ont mis l'urbanisme et l'accès aux commerces au centre de leurs préoccupations. L'association Mon cher vélo à Bourges est particulièrement active. Elle a conclu, début 2015, un partenariat avec Avaricum, une galerie commerçante située en ville, à mi-chemin entre la gare et la cathédrale. En échange d'une subvention de 1 000 euros versée par le promoteur, Mon cher vélo organise, dans le périmètre d'Avaricum, des « bourses aux vélos » où on peut acheter des cycles d'occasion. C'est également dans l'enceinte du complexe qu'est donné le départ de la balade mensuelle de l'association. « Ce partenariat a pour but de renforcer le commerce en centre-ville, ce qui, à moyen et long terme, facilitera la promotion des déplacements actifs », résume Mon cher vélo.

L'association veut aussi s'attaquer aux causes de la désaffection commerciale. Les militants ont obtenu de la préfecture du département la possibilité de faire partie d'une CDAC au titre de « personnalités qualifiées ». Ils ont ainsi eu l'occasion d'observer de près le processus de décision en matière d'urbanisme commercial. « Une bonne politique de déplacement, c'est avant tout une bonne politique d'urbanisme. Un territoire ne peut être favorable aux modes actifs comme la marche et le vélo que s'il concentre ses activités, logements et loisirs sur un périmètre restreint », argumente Adrien Lelièvre, président de Mon cher vélo.

L'association diffuse enfin un cliché sur lequel sont juxtaposées deux photos aériennes à la même échelle. Sur l'une d'elles, on aperçoit le cœur de Bourges, ses bâtiments connus, cathédrale, hôtel de ville, palais de justice. Sur l'autre, on voit une zone commerciale avoisinante, quelques grandes surfaces et des parkings vides. Le décalage entre les deux entités, à la même échelle, est frappant.

À Nantes, où plus de 30 % des foyers ne possèdent pas de voiture, l'association Place au vélo a organisé en juin 2016, avec Plein centre, une association de commerçants, ainsi que le conseil de développement de Nantes métropole, un « parcours-test », afin de déterminer à quels obstacles les consommateurs pouvaient être confrontés en effectuant leurs courses à vélo. Les commerçants rencontrés par l'association conviennent de l'importance de cette clientèle cycliste et plaident pour le développement d'arceaux de stationnement. En revanche, la chambre de commerce et d'industrie continue de privilégier la seule clientèle motorisée. D'autres associations, à Quimper, Creil, Caen ou Béthune, tentent de convaincre la municipalité du potentiel économique des cyclistes urbains.

Lanceurs d'alerte

Connaître pour comprendre. C'est la démarche lancée par un habitant d'Albi consterné, comme beaucoup, par la prolifération des vitrines vides. Florian, 30 ans, professeur occasionnel d'histoire-géographie qui vit dans la préfecture du Tarn depuis 2013 avec sa compagne et ses enfants, a décidé de cartographier les commerces du centre-ville.

« Je voulais avoir la confirmation de cette impression de dévitalisation ressentie quand je me déplace en ville », déclare le jeune homme, qui ne souhaite pas révéler son nom de famille.

Florian d'Albi, donc, a inscrit, sur un fond de carte Google, chaque commerce du centre-ville, sa catégorie (vêtements, alimentaire, équipement) et son statut, en activité ou fermé.

La ville, 50 000 habitants et 100 000 pour l'aire urbaine, espérait échapper au triste sort que connaissent les villes de cette taille grâce au classement au patrimoine mondial de l'Unesco de l'imposant palais de la Berbie et de la cathédrale Sainte-Cécile en briques rouges. Mais l'afflux des groupes de touristes ne suffit plus à contrebalancer l'exode urbain. « Certaines rues sont complètement à l'abandon », constate Florian, y compris à proximité du marché couvert qui fait la fierté de la ville. Et en passant les lices Jean-Moulin, ce boulevard à quatre voies qui coupe la ville historique en deux, on réalise l'ampleur du phénomène. Comme il se doit, les zones commerciales ne cessent de croître en périphérie. Un Leroy Merlin doit prochainement s'installer au nord-est d'Albi, alors que d'autres grandes surfaces ont déjà éclos à l'est, au sud et à l'ouest.

Dans le centre-ville, selon les calculs de Florian, les magasins de vêtements et d'équipement de la maison représentent 35 % des boutiques, les loisirs de type électronique 16 % et l'alimentation seulement 16 %. Le cartographe observe avec curiosité la stratégie des « chaînes », les enseignes des grands groupes qui s'installent indifféremment en ville et dans les surfaces périphériques. « Elles s'implantent, puis disparaissent, et reviennent », remarque-t-il, reconnaissant son incapacité à saisir la logique économique de ces va-et-vient.

Pour faire connaître ses travaux, le géographe amateur a d'abord réalisé un Tumblr à partir des photos des magasins vides. Puis il a ouvert une page Facebook repérée, en mars 2016, par *La Dépêche du Midi*, le quotidien régional. La page a gagné des centaines de « j'aime » en quelques jours, au point de provoquer un débat dans la classe politique locale et la protestation de certains commerçants.

Florian a également lancé une consultation en ligne pour déterminer le niveau de satisfaction de la clientèle à l'égard des commerces. La plupart des clients vivent dans un rayon proche, une dizaine de kilomètres tout au plus. Et presque tous assurent qu'en ville, « on ne peut pas se garer ». Une assertion que le lanceur d'alerte s'est décidé à vérifier. D'abord, constate-t-il, les rues piétonnes sont moins nombreuses qu'on ne l'imagine généralement. En outre, il existe 3 000 places de stationnement à moins d'un kilomètre de la cathédrale : 2 000 places payantes situées en moyenne à moins de 300 mètres et 1 000 places gratuites éloignées de 800 mètres en moyenne. « Cette différence représente cinq minutes de marche », observe-t-il.

Le cartographe fait des émules. Un étudiant lui a proposé de l'aide. Un habitant de Calais l'a contacté pour lui demander l'autorisation d'utiliser sa méthode. D'autres initiatives naissent à Bourges ou à Saint-Brieuc. Un réseau de lanceurs d'alerte se constitue petit à petit.

Rien ne vaut un touriste qui couche !

Parmi les villes qui échappent encore à la dévitalisation commerciale figurent les stations touristiques, grandes ou petites, de Menton (Alpes-Maritimes) à Wissant (Pas-de-Calais). Le bonheur viendrait-il du tourisme ? Sans doute, mais à condition de prendre en compte tous les touristes. Ceux-ci sont souvent identifiés comme de riches étrangers séjournant dans de luxueux hôtels, courant les boutiques somptueuses des stations balnéaires.

Or, tout le monde est touriste, plusieurs fois par an, parfois sans le savoir. Il y a ces vacanciers d'un jour, qui se montrent à Aix-en-Provence ou à Annecy, les retraités qui font étape à Troyes ou à Besançon sur la route des sports d'hiver. Les professionnels en congrès à Nantes ou à Bordeaux qui s'offrent une virée à Ancenis ou à Bergerac. Mais aussi ce couple qui profite d'un mariage dans la région pour visiter Cahors, le cadre en déplacement professionnel qui prolonge son séjour au Havre, la jeune femme qui saisit l'occasion d'une visite à sa marraine pour prendre le soleil en terrasse à La Roche-sur-Yon… ou à Charleville-Mézières, etc.

Ces visiteurs de quelques heures aiment musarder, l'apéritif et les cafés gourmands. Une part importante d'entre eux arrive en train, puis marche, loue un vélo ou utilise les transports publics. Pour Éric Chareyron, de Keolis, ces touristes d'un jour constituent même une chance pour les réseaux de bus lourdement déficitaires.

Ces allées et venues soutiennent le commerce et la restauration, mais rien ne vaut « un touriste qui couche », comme le résume Marc Abadie, directeur du réseau et des territoires de la Caisse des dépôts et consignations. Or, le visiteur de passage préfère souvent loger dans la ville ancienne, au milieu des vieilles pierres, même un tantinet délabrées, plutôt que de séjourner dans une chambre anonyme au milieu d'une zone commerciale.

Ce tourisme discret finit par bénéficier à l'habitat. De plus en plus de citadins découvrent l'opportunité d'échanger leur logement ou de le mettre en location pour une courte durée. La plateforme de location de logements Airbnb, fondée en Californie en 2008, en profite pleinement. Dans les grandes villes, les voyageurs ayant recours aux services d'Airbnb passent parfois pour de nuisibles visiteurs qui, sur leur passage, casseraient à la fois les rampes d'escalier, les oreilles des voisins et le marché de l'immobilier, sans oublier le monopole des hôteliers. La société américaine est certes davantage connue pour ses montages fiscaux que pour sa contribution à la revitalisation urbaine.

Et pourtant, dans les petites villes, les choses sont différentes. En 2012, sur les 7 000 logements proposés en France par la plateforme de location de logements, 4 000 étaient situés à Paris. En 2015, les chiffres ont explosé, et la proportion s'est inversée : 150 000 habitations étaient disponibles, dont 100 000 en dehors de la capitale. Parmi les villes les plus prisées figuraient Lyon, Nice ou Bordeaux, mais aussi Carcassonne ou Perpignan. Airbnb connaît une forte affluence lors des événements festifs, comme « Clermont-Ferrand au moment du festival du court-métrage en février et Avignon en juillet », observe Nicolas Ferrary, directeur d'Airbnb pour la France. Selon lui, « de nouvelles façons de visiter émergent. Les commerces et les restaurants en profitent. Et les habitants se constituent un revenu secondaire ».

Les logements à louer sont en outre répartis là où les gens vivent, en dehors des zones touristiques. Des plans de Paris, Amsterdam ou Genève, complaisamment diffusés par la plateforme locative, montrent qu'Airbnb dispose d'une couverture spatiale homogène, alors que les hôtels demeurent majoritairement installés dans le cœur historique. On retrouve la même tendance parmi les adeptes de l'échange de maison ou d'appartement.

Enfin, les habitants eux-mêmes font de très bons touristes ! Dans chaque localité existe un patrimoine remarquable mais méconnu. Les citadins sont ravis de découvrir, à deux pas de chez eux, des ouvrages d'art, hôtels particuliers, maisons d'artiste ou lieux de tournage dont ils ne soupçonnaient pas l'existence. Ainsi, loin des oligarques et dignitaires amateurs de palaces et de cigares, ces visiteurs alimentent un tourisme de lenteur, fondé sur le plaisir de prendre du temps, de perdre du temps.

Revival villages

On évoque parfois la renaissance exceptionnelle de certaines villes. C'est le cas de Detroit, capitale américaine de l'automobile, mais aussi de Pittsburgh ou Akron, dans la *rust belt*, la « ceinture de la rouille » où s'oxydent de vieilles usines délaissées. Ces *revival cities*, « cités renaissantes », regagnent des habitants, retrouvent la faveur des investisseurs et attirent les artistes. Toutefois, le dynamisme de ces villes n'équivaut pas à celui des métropoles du sud et du sud-ouest des États-Unis, qui continuent à attirer davantage.

En France, on peine à trouver des exemples de renaissance flamboyante. En pratique, la crise urbaine continue de s'aggraver, année après année. Mais ce qui semble complexe dans une ville semble en revanche envisageable à une échelle beaucoup plus petite, celle du village.

La commune de Saillans (Drôme, 1 200 habitants) est un exemple de ces *revival villages*. En 2013, les habitants se mobilisent contre la volonté du maire d'implanter un supermarché Casino à un kilomètre du bourg. Face à des manifestations et à une pétition réunissant la grande majorité de la population, le grand distributeur renonce finalement. L'année suivante, lors des élections municipales, une équipe se présente – et gagne – avec pour programme d'ouvrir la démocratie locale à tous les habitants. Les projets de la municipalité, plan local d'urbanisme, constructions en bois, compost collectif, développement des circuits courts, sont élaborés collectivement, sans leader proclamé.

Dans l'est de la Creuse, le Pays Combraille en Marche, qui regroupe cinq communautés de communes et 28 000 habitants, veut mettre au service des collectivités les compétences de l'ensemble des acteurs locaux. À Bussière-Nouvelle (110 habitants), une équipe de paysagistes mandatée par le pays s'est installée en résidence pendant quelques semaines, le temps de discuter avec les résidents. Collectivement, la population a décidé de remettre en état un chemin creux menant à un étang.

Gilles Blanchard, du Centre d'études et d'expertise sur les risques, l'environnement, la mobilité et l'aménagement (Cerema), une administration de l'État, a répertorié plusieurs villages en pleine revitalisation. La Chapelle-Glain (Loire-Atlantique), commune de 850 habitants, est située le long de l'axe routier Rennes-Angers fréquenté par 6 000 véhicules chaque jour, dont 15 % de poids lourds. Dans les années 1990, la population s'interroge, comme tous les habitants ruraux : comment rendre le bourg attractif ? Maintenir les commerces ? Garder les jeunes ? Sécuriser les déplacements à pied et à vélo ? Les élus, après des débats passionnés, optent pour une « approche multifonctionnelle », ce qui, en langage technocratique, signifie qu'ils souhaitent traiter en même temps la sécurité routière, la vitalité sociale et le dynamisme commercial. Des « raccourcis » piétons sont créés pour inciter les parents à envoyer leurs enfants à l'école ou au stade à pied. Les trottoirs bordant les axes les plus empruntés sont consolidés. Un « plan piéton » est intégré au plan local d'urbanisme. Le bilan est « très positif », affirme le Cerema qui a suivi le dossier pendant toute la période. « La population a gagné 5 % en cinq ans, les commerces se portent bien et la vie locale est dynamisée par la présence des piétons », explique Michel Poupart, maire depuis 2008, dans un document du Cerema.

Chédigny (Indre-et-Loire, 500 habitants), au sud-est de Tours, ne possède pas, fait plutôt rare en Touraine, de château touristique. Au début des années 2010, toujours selon le Cerema, la municipalité décide de donner la priorité aux piétons dans les quelques rues qui forment son petit centre. La vitesse y est limitée à 15 km/h. Le maire Pierre Louault (UDI), élu depuis 1977, veut « s'inspirer de la vie villageoise qui prévalait avant la voiture reine, dans les années 1950 ». Au même moment, quelques habitants plantent, avec le soutien de la mairie, des rosiers anciens et plantes vivaces au bord des rues. Désormais, « ce village où personne ne passait est une attraction touristique, modèle du village typique français où il fait bon vivre ! » s'exclame Gilles Blanchard. La localité a obtenu en 2013 le label « jardin remarquable » du Comité des parcs et jardins de France. Les cars se détournent des grands axes pour faire visiter le village et la fête de la rose attire chaque année des milliers de visiteurs. Les commerces et la vie associative sont aussi florissants que les plantes qui montent le long des murs. Le maire raconte volontiers que ses homologues des communes voisines viennent s'inspirer de la réussite de Chédigny.

Ces opérations, modestes ou ambitieuses, à Bussière-Nouvelle, La Chapelle-Glain, Chédigny ou Saillans, présentent un point commun. Elles se sont montées avec peu de moyens financiers, mais beaucoup de temps, d'imagination et de participation citoyenne. La végétalisation, l'apaisement, les chicanes, parfois seulement quelques graines et de l'imagination suffisent à faire revivre des villages de France. Les villes sont-elles prêtes à les imiter ?

CONCLUSION

Nous sommes la ville

Le cancer des villes n'est pas une maladie de pays pauvre. C'est une maladie de pays riche, de société opulente, au même titre que l'obésité, le surendettement, l'obsolescence programmée ou la pollution des mers, ces continents de plastique qui flottent sur les océans. L'exode urbain résulte de la surabondance, des abus de position dominante des entreprises multinationales et des modes de vie délétères.

Cette déprédation est quelquefois attribuée à une oligarchie avide et arrogante qui contrôlerait tout. Mais non, ce n'est pas de la faute de quelques-uns seulement. Nous sommes tous responsables, à des degrés divers. Nous cachons cela sous des expressions comme « les facilités de la vie moderne » ou l'assurance de « faire des économies ».

Nous courons à Intermarché ou à Lidl pour dénicher tel indispensable aromate ou pour profiter des « prix ultra-légers ». Mais nous déplorons la fermeture de l'épicerie du quartier. Nous savourons le vaste choix dans les gondoles du temple de la consommation. Mais nous sommes choqués par les petits salaires et les horaires infernaux imposés aux caissières.

Nous nous scandalisons lorsque les cadeaux de Noël « n'ont pas été livrés par Internet », mais regrettons la disparition du marchand de jouets. Suivant cette même logique, nous exigeons suffisamment d'énergie pour allumer tous les appareils électriques à 19 heures les soirs de février tout en redoutant l'obsolescence des vieilles centrales nucléaires. Nous achetons un smartphone performant et *trendy* et voulons le consulter toutes les trois minutes. Mais nous nous alarmons de l'épuisement annoncé des métaux rares et du délitement des relations sociales. Nous maugréons quand « il n'y a pas de réseau », mais craignons pour la santé de nos enfants quand un opérateur installe une antenne-relais trop près de l'école. Notre société prône l'industrialisation des processus, loue le « bas coût », apprécie la « rationalisation » et attend tous les trimestres cet eldorado que représenterait un demi-point de croissance supplémentaire. Nous voulons à la fois des produits frais en toute saison et des marchés bio quand ça nous arrange, des rocades libérées de tout encombrement et des bus gratuits, une ligne TGV à côté de chez soi ainsi qu'une sortie d'autoroute.

Ces contradictions provoquent le déclin des villes et des territoires. Depuis le début des années 2010, les clivages qui traversent la scène politique française portent davantage sur l'identité nationale que sur l'enjeu économique. Les mouvements qui rêvent de réguler les excès du capitalisme influent bien moins la vie politique que les tribuns qui affirment, avec force coups de menton, que la France doit rester la France. La communauté nationale serait menacée par l'étranger, le migrant, l'exilé. Et pourtant, ceux qui viennent d'ailleurs apportent bien davantage qu'ils ne prennent. Ce sont eux, par exemple, qui continuent d'animer les villes, de fréquenter les marchés, de cuisiner à partir de produits bruts. Dans le même temps, personne, ou presque, ne s'interroge sur les effets désastreux de la destruction des paysages et de la forte perte identitaire qu'elle implique.

Les villes moyennes sont porteuses de patrimoine, d'histoire. Elles n'ont rien à envier aux métropoles. On y vit bien. On y ressent une fierté pour le musée de renommée nationale ou le festival annuel, très couru. Du centre d'Aurillac, de Soissons ou de Périgueux, on peut se retrouver en pleine nature en quelques minutes. À pied.

Depuis le Moyen Âge, le bourg est un organisme vivant, un écosystème, un biotope. C'est la place du marché, bien sûr, mais avant tout un lieu de rencontres. C'est là que sont nés l'artisanat, l'industrie, le droit, la finance, la culture.

Mais la ville n'est pas seulement faite d'histoire. Elle porte aussi l'avenir. Elle indique, à son échelle, les tendances du moment. On se tourne vers le citadin pour savoir comment se vêtir, quels spectacles apprécier, quels livres lire. Quand on va en ville, on se montre, on s'habille. Les rencontres y sont fortuites. C'est là que se manifeste la société, la cité, le dialogue. On apprend, mieux qu'ailleurs, à connaître l'autre, à le fréquenter, à ne pas en avoir peur.

Les minorités ethniques, religieuses ou sexuelles l'ont bien compris. Dans un territoire dense, on se sent moins isolé, moins unique, moins visible qu'à la campagne.

Nous, habitants, sommes la ville. Nous la vivons, la connaissons. Nous avons le pouvoir de la réorganiser autour d'elle-même, de ses ressources et de ses emplois. Il s'agit certes d'un programme complexe, à rebours des discours simples et complaisants. Privilégier la proximité, réduire la vitesse constitue pourtant une extraordinaire opportunité de se réapproprier sa vie.

Ce n'est pas la nostalgie d'une époque révolue, ni une défense malsaine du bon terroir français contre le cosmopolitisme métropolitain. Cela répond au contraire à une forte aspiration de nombre de nos contemporains. Il suffit d'observer l'appétence pour les produits de saison, les circuits courts, du producteur au consommateur, le succès des Amap. La montée en puissance des ateliers de réparation, des recycleries, du troc, des échanges, des locations entre particuliers ou du vélo comme moyen de déplacement montre qu'une autre voie est possible.

Il est temps de nous réapproprier cette sobriété, cette déconnexion, avant qu'elle ne nous soit vendue à coup d'abonnement mensuel *low cost* par des grands groupes qui auront compris ces aspirations avant tout le monde.

Bibliographie

Ouvrages

Florence Aubenas, *En France*, éditions de l'Olivier, 2014.

Benjamin Barber, *Et si les maires gouvernaient le monde ? (Décadence des États, grandeur des villes)*, Rue de l'échiquier, 2015.

Francis Beaucire et Xavier Desjardins, *Notions de l'urbanisme par l'usage*, Publications de la Sorbonne, 2015.

Thomas Buhler, *Déplacements urbains : sortir de l'orthodoxie (Plaidoyer pour une prise en compte des habitudes)*, Presses polytechniques et universitaires romandes, 2015.

Jean-Christophe Chadanson, Yann Le Gal, Jean-Michel Marchand, *Pour des espaces publics ordinaires de qualité*, Alternatives, Points FNAU, 2014.

Aurélien Chaméon, *Le Tour des départements de France à vélo*, éditions Ouest-France, 2015.

Yves Crozet, *Hyper-mobilité et politiques publiques. Changer d'époque ?* Economica, 2016.

Didier Daeninckx, *Retour à Béziers*, Verdier, 2014.

Laurent Davezies, *La Crise qui vient (La nouvelle fracture territoriale)*, La République des idées, Seuil, 2012.

Laurent Davezies, *La République et ses territoires (La circulation invisible des richesses)*, La République des idées, Seuil, 2008.

Cristina Garcez et David Mangin (Dir.), *Du Far West à la ville (L'urbanisme commercial en questions)*, Parenthèses, 2014.

Arnaud Gasnier et Nathalie Lemarchand (Dir.), *Le Commerce dans tous ses états (Espaces marchands et enjeux de société)*, Presses universitaires de Rennes, 2014.

Christophe Guilluy, *La France périphérique (Comment on a sacrifié les classes populaires)*, Flammarion, 2014.

Eric Hamelin et Olivier Razemon, *La Tentation du bitume (Où s'arrêtera l'étalement urbain ?)*, Rue de l'échiquier, 2012.

Frédéric Héran, *La Ville morcelée (Effets de coupure en milieu urbain)*, Economica, 2011.

Christian Jacquiau, *Les Coulisses de la grande distribution*, Albin Michel, 2000.

Jean-Pierre Le Goff, *La Fin du village (Une histoire française)*, Gallimard, 2012.

David Lestoux, *Revitaliser son cœur de ville (L'adapter au commerce de demain)*, Territorial-éditions, 2015.

David Mangin, *La Ville franchisée (Formes et structures de la ville contemporaine)*, éditions de La Villette, 2004.

Ariella Masboungi (Dir.), *Ville et voiture*, Parenthèses, 2015.

Charles Montgomery, *Happy city – Transforming our lives through urban design*, Penguin, 2013.

Vincent Noyoux, *Tour de France des villes incomprises*, éditions du Trésor, 2016.

René Péron, *La Fin des vitrines (Des temples de la consommation aux usines à vendre)*, édition de l'ENS-Cachan, 1993.

Natacha Polony, *Ce pays qu'on abat (Chroniques 2009-2014)*, Plon, 2014.

Janette Sadik-Khan et Seth Solomonow, *Street fight (Handbook for an Urban Revolution)*, Viking, 2016.

Carolyn Steel, *Ville affamée (Comment l'alimentation façonne nos vies)*, Rue de l'échiquier, 2016.

John Urry, *Mobilities*, Polity Press, 2007.

Rapports et autres documents

AdCF, information presse consacrée à l'urbanisme commercial, juin 2011.

René-Paul Desse, « La fin de l'urbanisme commercial à la française », *Les Annales de la recherche urbaine*, n° 108, p. 5-15, octobre 2013.

La Fabrique de la cité, *Comment transformer la ville à partir de ses usages*, synthèse du séminaire international 2015.

Alain Fouché, rapport n° 382, au nom de la commission des affaires économiques du Sénat, sur l'équilibre entre les différentes formes de commerce, 2005.

Gart, *Mobilité et villes moyennes, état des lieux et perspectives*, octobre 2015.

Ifop, « L'influence de l'isolement et de l'absence de services et commerces de proximité sur le vote FN en milieu rural », *Ifop focus* n° 135, mars 2016.

Insee, *France, portrait social*, Insee Références, édition 2014.

Mary Portas, *Why Our High Streets Still Matter*, Merton Chamber of Commerce, 2014.

Manuel Wolff, Sylvie Fol, Hélène Roth et Emmanuèle Cunningham-Sabot, « *Shrinking cities*, villes en décroissance : une mesure du phénomène en France », *Cybergeo*, Aménagement, Urbanisme, document 661, 2013.

Sites ou pages

« Collectif européen pour le redynamisation des centres-villes », groupe très actif sur Facebook.

« Dead malls », les centres commerciaux abandonnés, en France : www.pascal-madry.fr/dead-malls

En toute franchise, une association qui combat les abus de la grande distribution : www.en-toutefranchise.com

Reporterre, magazine en ligne, publie de nombreux articles consacrés à l'étalement urbain et à la ville : www.reporterre.net

L'avenir de la ville vu de Vierzon : www.vierzonitude.fr.

Colloques

« Une nouvelle économie métropolitaine », Les débats de l'Eurométropole, Roubaix, 11 juin 2013.

« La mobilité de demain, vers la révolution du partage (espace public, données & énergies) », Métropole Rouen Normandie, Rouen, 9 avril 2015.

« Faire ou défaire la ville avec le commerce », Les matinées du CGEDD, Paris, 30 juin 2015.

« Donnons un avenir à nos centres-villes », Cepess, Gembloux (Belgique), 29 février 2015.

« Faire vivre le cœur des villes », Fédération Villes de France, Paris, 15 mars 2016.

Documentaire

Xavier Champagnac, *Les Décentrés*, Kanari films, TV Tours, 2014.

Remerciements

Merci, vraiment merci, à :

Mes premiers lecteurs, attentifs au tout ainsi qu'à chaque détail, prompts à me délivrer des conseils et des pistes que j'ai essayé de suivre : Sylvie Banoun, Ludovic Bu, Olivier Schneider et Benjamin Taveau.

Mon éditeur et ami Thomas Bout, qui a soutenu dès le départ cette intuition et m'a conseillé, guidé (voire géré) à chaque étape, tout en acceptant mes suggestions à mesure que le travail avançait ; toute l'équipe de Rue de l'échiquier, en particulier Léa Thévenot, sans laquelle ce livre n'existerait pas.

Ceux qui m'ont servi de guide dans leur ville et ont bien voulu relire et enrichir la partie qui lui est consacrée : Jean-Claude Martinez à Béziers, Adrien Lelièvre à Bourges, Olivier Georgiades à Périgueux, Rémy Chalaye à Privas, Pierre Faurand et Marie Marcon à Saint-Étienne, Génebaud Gérandal à Soissons. Qu'ils soient particulièrement remerciés, car ce n'est pas facile d'accepter le regard forcément décalé d'un « étranger » sur la ville où l'on vit.

Pascal Madry, qui m'a enseigné les subtilités de la vacance commerciale.

Jean-Marie Lebouc, qui me raconte depuis longtemps La Ferté-Macé, la ville de son enfance.

Luc Rabouin, qui m'a ouvert les portes des spécialistes du commerce et de la ville à Montréal et à Toronto.

Tous ceux qui m'ont apporté une aide, un entretien, des informations précieuses, des suggestions, tout en m'encourageant : Florian « d'Albi », Florence Autret, Marie-Régine Barrau, Jacques Baudrier, Kamel Bentahar, Gilles Blanchard, Sébastien Bosvieux, Glenn Castanheira, Éric Chareyron, Marc Fontanès, Franck Gintrand, Pierre Grammont, Abel Guggenheim, Samy Guyet, Eric Hamelin, Benjamin Hecht, Frédéric Héran, Isabelle Lesens, Sébastien Marrec, Charles-Olivier Mercier, Franck Mussio, Xavier Perrin, Marie-Xavière Wauquiez, et aussi, ils se reconnaîtront sur Twitter, @cyclocastor, @geographedumond, @presse_papiers

Les associations de cyclistes qui m'ont reçu depuis 2014 pour parler du *Pouvoir de la pédale*, ce qui m'a donné à chaque fois l'occasion de découvrir une ville, son environnement et ses atouts.

Les journalistes et responsables du *Monde*, qui m'encouragent depuis 2012 à tenir mon blog sur les transports ; Bénédicte Manhaeve (*DSI*) et Michel Ravelet (*Géomètre*), avec lesquels je travaille régulièrement.

Tous les lecteurs qui commanderont et achèteront ce livre dans une librairie de leur quartier, plutôt que de le commander sur Amazon et d'attendre la livraison qu'effectuera un chauffeur de camionnette pressé et sous-payé.

Toutes les villes de France, d'Europe et d'ailleurs, que j'aime arpenter à pied ou à vélo.